A ARTE DE ARGUMENTAR

A ARTE DE ARGUMENTAR

GERENCIANDO RAZÃO E EMOÇÃO

Antônio Suárez Abreu

Ateliê Editorial

1ª edição – 1999
2ª edição – 2000

ISBN – 85-85851-81-3

Editor: Plínio Martins Filho

Direitos reservados à
ATELIÊ EDITORIAL
Rua Manoel Pereira Leite, 15
06700-000 – Cotia – SP – Brasil
Telefax: (11) 7922-9666
www.atelie.com.br
2000
Foi feito o depósito legal

Sumário

POR QUE APRENDER A ARGUMENTAR?

A idéia de que vivemos em sociedade comporta, no tempo presente, duas ordens de reflexão. A primeira é que essa sociedade cresceu e se expandiu demais. Há cem anos, a grande atriz francesa Sarah Bernhard, não confiando inteiramente no sistema dos correios, mantinha, entre seus criados, uma jovem encarregada de entregar suas cartas na cidade de Paris. Se ela vivesse hoje entre nós, poderia usar, além de um sistema de correio infinitamente mais aperfeiçoado e confiável, um telefone, um fax, ou a internet, além de poder, acessando a TV a cabo, assistir, em tempo real, a tudo aquilo que acontece nas partes mais remotas do planeta.

A outra reflexão é que, vitimados por uma educação desestimulante, submetidos ao julgamento crítico da opinião pública, massificados pela mídia, vivemos nossas vidas adiando ou perdendo nossos sonhos e isso nos torna infelizes. Até mesmo pessoas que conseguem sucesso financeiro e prestígio pessoal acabam tendo esse destino. Basta ler a biografia de gente famosa, como Howard Hugues, Elvis Presley, a princesa Diana, para sucumbir a essa evidência. Todos eles sofreram a doença da solidão, uma doença que nos separa até mesmo dos nossos familiares, com quem, muitas vezes, vivemos em um clima diário de discussões e ressentimentos.

Todos nós teríamos muito mais êxito em nossas vidas, produziríamos muito mais e seríamos muito mais felizes, se nos preocupássemos em gerenciar nossas relações com as pessoas que nos rodeiam, desde o campo profissional até o pessoal. Mas para isso é necessário saber conversar com elas, argumentar, para que exponham seus pontos de vista, seus motivos e para que nós também possamos fazer o mesmo.

Segundo o senso comum, argumentar é vencer alguém, forçá-lo a submeter-se à nossa vontade. Definição errada! Von Clausewitz, o gênio militar alemão, utiliza-a para definir GUERRA e não ARGUMENTAÇÃO. Seja em família, no trabalho, no esporte ou na política, saber argumentar é, em primeiro lugar, saber integrar-se ao universo do outro. É também obter aquilo que queremos, mas de modo cooperativo e construtivo, traduzindo nossa verdade dentro da verdade do outro.

Escrevi este livro para convencer as pessoas de que não basta ser inteligente, ter uma boa formação universitária, falar várias línguas, para ser bem-sucedido. Meu objetivo é convencê-las de que o verdadeiro sucesso depende da habilidade de relacionamento interpessoal, da capacidade de compreender e comunicar idéias e emoções.

GERENCIANDO INFORMAÇÃO

· Em pesquisa recentemente realizada nos Estados Unidos, chegou-se à conclusão de que, entre as competências necessárias para que o País continue líder mundial no próximo século, está a de gerenciamento da informação por meio da comunicação oral e escrita, ou seja, a capacidade de ler, falar e escrever bem. Isso nos leva a pensar muito seriamente na necessidade de desenvolver essas habilidades, pois passamos a maior parte do tempo defendendo nossos pontos de vista, falando com pessoas, tentando motivar nossos filhos.

Já é coisa sabida que o mais importante não são as informações em si, mas o ato de transformá-las em conhecimento. As informações são tijolos e o conhecimento é o edifício que construímos com eles. Mas onde é que vamos buscar esses tijolos? A maior parte das pessoas os obtém unicamente dentro da mídia escrita e falada. Ora, desde 1924, filósofos como Theodor Adorno, Walter Benjamin e, mais tarde, Herbert Marcuse e Erich Fromm nos alertaram sobre os perigos da cultura de massa e da indústria cultural. Na verdade, a mídia nos oferece uma espécie de "visão tubular" das coisas. É como se olhássemos apenas a parte da realidade que ela nos permite olhar, e da maneira como ela quer que nós a interpretemos.

Há alguns anos, depois da queda do presidente Ferdinand Marcos, das Filipinas, os jornais do mundo inteiro publicaram uma foto do *closet* da primeira-dama, Imelda Marcos, dando destaque a uma incrível quantidade de pares de sapatos lá existente. Por causa disso, Imelda passou a ser conhecida mundialmente como uma mulher fútil, por possuir uma enorme quantidade de sapatos. Durante seu julgamento, na Corte Federal da cidade de Nova York, ao fim do qual foi absolvida, os jornais locais enviavam repórteres ao tribunal, com a exclusiva missão de fotografar-lhe os pés, para que pudessem publicar, no dia seguinte, o modelo que ela estaria usando. O resultado foi frustrante, pois ela usou, em todas as sessões do júri, um mesmo par de sapatos pretos. Por essa época, ela confidenciou a seu advogado Gerry Spence[1] que nunca tinha comprado aqueles sapatos divulgados pela mídia. Nas Filipinas, há muitas fábricas de sapatos e, todos os anos, ela recebia dessas fábricas, gratuitamente, coleções completas deles, pois todas queriam proclamar que a primeira-dama usava seus produtos. Ora, Imelda calçava um número grande e, por esse motivo, era sempre difícil encontrar outras mulheres a quem pudesse dar os seus sapatos. Jogá-los fora seria pior, uma vez que isso iria produzir constrangimentos junto aos fabricantes. Ela, então, simplesmente colecionava-os. Apesar disso, até hoje a maior parte das pessoas ainda conserva a

1. Gerry Spence, *How to Argue and Win Every Time*, pp. 94-96.

imagem da esposa de Ferdinand Marcos, imposta pela mídia, como uma pessoa fútil, atacada de uma espécie de doença mental, por possuir uma quantidade imensa de sapatos.

Além do alinhamento de pontos de vista, existem ainda os processos de manipulação. Durante a Guerra do Golfo, as televisões do mundo inteiro exibiram duas imagens de forte impacto: uma delas mostrava incubadoras desligadas pelos iraquianos, com crianças prematuras kwaitianas mortas; outra, pássaros sujos de petróleo por uma maré negra provocada também pelos iraquianos. Ambas as imagens eram falsas. As incubadoras eram uma montagem. A maré negra era real, mas tinha acontecido a milhares de quilômetros dos "cruéis" iraquianos[2].

Como nos defender de tudo isso? Simplesmente, obtendo informações em outras fontes. Quantos livros você leu no ano que passou? Informativos e formativos? E literatura? Quando falo em literatura, não me estou referindo aos *best-sellers*, mas aos clássicos. Você já leu Shakespeare, Thomas Mann, Goethe, Machado de Assis? Parece uma tarefa difícil, mas não é. *Hamlet* de Shakespeare, por exemplo, é uma peça de teatro que se lê em dois dias! E quanta coisa se aprende sobre a alma humana!

Paul Valéry, um grande poeta e crítico francês, nos diz a respeito da leitura de ficção: "Penso sinceramente que, se todos os homens não pudessem viver uma

2. Cf. Philippe Breton, *A Manipulação da Palavra*, p. 12.

quantidade de outras vidas além da sua, eles não poderiam viver a sua". Isso também não é novidade, para o grande escritor peruano Mario Vargas Llosa, que diz:

> Condenados a uma existência que nunca está à altura de seus sonhos, os seres humanos tiveram que inventar um subterfúgio para escapar de seu confinamento dentro dos limites do possível: a ficção. Ela lhes permite viver mais e melhor, ser outros sem deixar de ser o que já são, deslocar-se no espaço e no tempo sem sair de seu lugar nem de sua hora e viver as mais ousadas aventuras do corpo, da mente e das paixões, sem perder o juízo ou trair o coração[3].

Por meio da leitura, podemos, pois, realizar o saudável exercício de conhecer as pessoas e as coisas, sem limites no espaço e no tempo. Descobrimos, também, uma outra maneira de transformar o mundo, pela transformação de nossa própria mente. Isso acontece, quando nós adquirimos a capacidade de ver os mesmos panoramas com novos olhos.

Mas, além da ficção, podemos ler também outras obras importantes, como *Casa-Grande e Senzala* de Gilberto Freire ou *A Era dos Extremos – O Breve Século XX*, de Eric Hobsbawm! Vale a pena também ler o livro intitulado *O Mundo de Sofia*, do autor norueguês Jøstein Gaarder. Trata-se de um romance que conta a história da filosofia, emoldurando as lições dentro do cotidiano de uma menina de quinze anos de idade. Enfim, leitura é um programa para uma vida inteira.

Talvez, no início, você encontre alguma dificuldade, mas, à medida que for lendo, verá que o próximo

---

3. Mario Vargas Llosa, Caderno Mais, *Folha de S. Paulo*, 1995.

livro sempre fica mais fácil, pois seu repertório vai ganhando aquilo que os físicos chamam de "massa crítica" e, a partir daí, você terá condições de fazer uma leitura mais seletiva da mídia, criticar as informações e construir um conhecimento original.

A propósito, a revista *Veja* publicou, em 1998, alguns comentários sobre o ensino das Humanidades na Liberal Art School de Middlebury, nos Estados Unidos. Vale a pena ler alguns trechos desses comentários:

> Essa é a essência da educação por meio do estudo das humanidades: desenvolver o pensamento, sem nenhuma utilidade ou objetivo prático. Educa-se a cabeça, aprende-se a pensar, estudando literatura, grego, filosofia. No final das contas, é supremamente útil. Cabeça feita não é pouca coisa. É essa gente, afiada no estudo dos clássicos, que as grandes empresas querem contratar. As empresas citadas na lista das 500 maiores pela revista *Fortune* não vão procurar administradores ou engenheiros para os seus futuros quadros dirigentes, mas sim essas pessoas ilustradas nos clássicos e que poucas disciplinas "práticas" cursaram[4].

4. *Veja*, ano 31, n. 33, p. 112.

GERENCIANDO RELAÇÃO

Quando entramos em contato com o outro, não gerenciamos apenas informações, mas também a nossa relação com ele. Um *bom dia*, um *muito obrigado*, as formas de tratamento (*você, a senhora*) tudo isso é gerenciamento de relação. Muitas vezes, ao introduzirmos um assunto, construímos antes uma espécie de "prefácio gerenciador de relação". O personagem Riobaldo, dialogando com seu interlocutor, em *Grande Sertão – Veredas*, diz:

> Mas o senhor é homem sobrevindo, sensato, fiel como papel, o senhor me ouve, pensa e repensa, e rediz, então me ajuda. Assim, é como conto. Antes conto as coisas que formaram passado para mim com mais pertença. Vou lhe falar. Lhe falo do sertão. Do que não sei. Um grande sertão! Não sei. Ninguém ainda sabe. Só umas raríssimas pessoas – e só essas poucas veredas, veredazinhas. O que muito lhe agradeço é a sua fineza de atenção[1].

A única informação desse texto é que Riobaldo vai falar do sertão, coisa pouco conhecida. O resto é gerenciamento de relação.

1. Guimarães Rosa, *Grande Sertão – Veredas*, p. 84.

Às vezes, um diálogo é puro gerenciamento de relação. É o que acontece quando duas pessoas falam sobre o tempo ou quando dois namorados conversam entre si. O que dizem é redundante. Se um diz – Eu te amo!, isso é coisa que o outro já sabe. Mesmo assim, pergunta outra vez: – Você me ama? E recebe a mesma resposta. E ficam horas a fio nessa redundância amorosa, em que o importante não é trocar informações, mas sentir em plenitude a presença do outro.

Depois que o relacionamento evolui e se casam, passam a sentir-se mais seguros, um em relação ao outro, e aí começam a negligenciar a parte carinhosa, sensível entre os dois, para cuidar de aspectos mais práticos. Por esse motivo é que, no espaço privado, acabamos gerenciando mais informação e menos relação. Dentro de casa, raramente as pessoas dizem por favor ou muito obrigado. No espaço público, até mesmo por motivo de sobrevivência social, as pessoas procuram, com maior ou menor sucesso, gerenciar, além da informação, a relação.

No mundo de hoje e no futuro que nos espera, é muito importante saber gerenciar relação. O mundo está passando por uma mudança em relação ao emprego industrial e rural. No campo, para o futuro, a perspectiva é termos apenas 2% da população interagindo com uma agricultura altamente mecanizada. Nas cidades, menos de 20% trabalharão nas indústrias robotizadas e informatizadas. O resto, quase 80%, ficará na área de serviços. Ora, serviços implicam clientes e clientes implicam bom gerenciamento de relação. O trabalho

ANTÔNIO SUÁREZ ABREU

do futuro dependerá, pois, do relacionamento. Mesmo os profissionais liberais dependem dele. O médico ou o dentista de sucesso não é necessariamente aquele que entrou em primeiro lugar no vestibular e fez um curso tecnicamente perfeito. É aquele que é capaz de se relacionar de maneira positiva com seus clientes, de conquistar sua confiança e amizade.

Um exemplo dessa mudança é o fato de que as concessionárias de automóveis redescobriram, em pleno final do século XX, a távola redonda. Você se lembra daquela idéia genial do rei Artur em substituir a mesa retangular, à qual ele se sentava com os cavaleiros, e diante da qual eram disputados lugares em termos de hierarquia, por uma mesa redonda, em que todos eram iguais? As concessionárias estão fazendo a mesma coisa. Estão substituindo as mesinhas retangulares em que o cliente ficava "frente a frente" com o vendedor representando a empresa, por mesinhas redondas (pequenas távolas redondas), onde ambos se sentam lado a lado, o que favorece um relacionamento mais informal e menos hierárquico.

No plano da vida pessoal, não é diferente. Quantas pessoas nós conhecemos, gente famosa, bonita, rica, com prestígio, mas extremamente infeliz, por não saber se relacionar com o outro! A verdade é que ninguém é feliz sozinho, mas, ao mesmo tempo, temos medo de nos relacionar com o próximo. Conseguimos diminuir a distância que nos separa das partes mais longínquas do mundo, por meio da aviação a jato, da tevê a cabo, da Internet, mas não conseguimos diminuir a distância que nos separa do nosso próximo. E quando conversamos com as pessoas, falamos sobre tudo: futebol, automobilismo, política, moda, comida, mas falamos apenas superficialmente sobre nós mesmos e, assim, não conhecemos o outro e ele também não nos conhece! Temos medo de entrar em contato com o outro em nível pessoal, mas precisamos vencer esse medo! Há pessoas que vestem uma espécie de armadura virtual para se defender. O tempo passa e elas não percebem que essa armadura não as está protegendo, está apenas escondendo as feridas da sua solidão. O outro deve ser visto por nós como uma aventura. Temos de arriscar! Nós nunca estamos diante de pessoas prontas e também não somos pessoas prontas. Ao contrário, é no relacionamento com o outro que vamos nos construindo como pessoas humanas e ganhando condições de sermos felizes. Fernando Pessoa nos fala da frustração de quem não foi capaz de viver essa aventura:

> Pensaste já quão invisíveis somos uns para os outros? Meditaste já em quanto nos desconhecemos? Vemo-nos e não nos vemos. Ouvimo-nos e cada um escuta apenas uma voz que está dentro de si. As palavras dos outros são erros do nosso ouvir, naufrágios do nosso entender[2].

Muitas vezes, temos medo do poder do outro e por isso nos retraímos. Muitas pessoas temem o poder de seus chefes, de pessoas de nível social mais elevado, às vezes de seus próprios pais, maridos e esposas. A primeira gran-

2. Fernando Pessoa, *Livro do Desassossego*, p. 69.

de verdade que temos de aprender é que NÓS ATURAMOS OS DÉSPOTAS QUE NÓS QUEREMOS ATURAR. O poder que alguém tem sobre mim é uma concessão minha! Explosões de raiva, ameaças, acusações não revelam poder, mas fraqueza! Minhas ações são a fonte do poder do outro.

Certa vez, uma amiga associou-se ao clube de uma cidade para a qual se havia mudado recentemente. Ao começar a freqüentá-lo com os filhos, teve algumas surpresas desagradáveis. A piscina era cercada por grades e, antes de usá-la, tinham todos de tomar uma ducha e apresentar as carteiras do clube, embora já tivessem feito isso na portaria. Uma das crianças, que tinha entrado com uma mochila, teve de retornar ao vestiário para despejar seu conteúdo em um recipiente de plástico transparente, para que os fiscais da piscina pudessem verificar o que estava transportando. Ao voltar à piscina, teve de tomar outra ducha e apresentar novamente a carteira. Quando alguém queria tomar refrigerante ou um sorvete, não podia fazê-lo dentro do recinto da piscina. Tinha de sair, ir até o bar e voltar depois, repetindo a ducha e a apresentação da carteira. Depois de inúteis reclamações a funcionários e à direção, minha amiga decidiu mudar de clube e ficar livre daquela rotina infernal. Ao associar-se ao clube, sem que soubesse, ela tinha dado a seus funcionários e diretores o poder de controlar seus passos. Bastou sair dele para ficar livre desse poder!

Minha mente é também a fonte do poder do outro. Para que eu me liberte, preciso primeiro libertar minha mente. Na Austrália, em uma tribo aborígine em que existiam práticas semelhantes ao vodu, o xamã[3] podia condenar alguém à morte, simplesmente apontando-o com um osso e ordenando-lhe que morresse. E o índio apontado de fato morria, sem cometer suicídio, de morte natural, pois ele estava preso dentro de sua própria mente ao poder do xamã. Cientistas que estiveram fazendo pesquisas nesse local, em 1925, pediram ao xamã que lhes ordenasse morrer, utilizando o mesmo procedimento usado com os membros da tribo, e nada lhes aconteceu.

Durante a Idade Média[4], sobretudo por influência de Santo Agostinho, a Igreja condenava a prática do sexo, mesmo entre pessoas casadas, nos dias santificados, aos domingos, quarenta dias antes da Páscoa, pelo menos vinte dias antes do Natal, três dias antes de receber a comunhão. Os períodos de continência chegavam a cinco meses ao ano e os fiéis, com justa razão, se queixavam de que não lhes sobrava muito tempo. Entretanto, procuravam respeitar as proibições, sobretudo as mulheres, pois morriam de medo de que Deus as visse em pecado e tivessem de confessar-se aos padres, que tinham o poder de aplicar as terríveis penas dos *Penitenciais*[5]. Essas condenações

3. Xamã – nome de feiticeiros da Ásia Setentrional e, por extensão, de feiticeiros de todas as sociedades consideradas inferiores.
4. Cf. Clemara Bidarra, "A Construção do Amor e do Erotismo no Discurso Literário: Uma Perspectiva Histórica dentro do Pensamento Ocidental", pp. 39-44.
5. Livros que continham catálogos de pecados e uma lista de penitências para cada um deles. Os mais antigos *Penitenciais* vêm dos mosteiros da Irlanda, onde foram compostos pelos abades.

variavam entre ficar meses a pão e água até a prisão em regime fechado. Apenas a título de exemplo, para o coito oral a pena era de dez a quinze anos de prisão, enquanto que para o assassinato premeditado era de sete anos.

Foi por essa época, no século XIII, na cidade de Lausanne, na Suíça francesa, que cinco mulheres, entrando na Catedral para a festa do padroeiro, sofreram uma espécie de ataque epilético, pelo remorso de terem feito amor com seus maridos no dia anterior. Somente depois de confessarem esse "terrível pecado" e manifestarem sincero arrependimento, voltaram ao estado normal. A mente delas dava aos sacerdotes e à Igreja o poder de fazê-las ficar doentes e ter ataques.

ARGUMENTAR, CONVENCER E PERSUADIR

ARGUMENTAR é a arte de convencer e persuadir. CONVENCER é saber gerenciar informação, é falar à razão do outro, demonstrando, provando. Etimologicamente, significa VENCER JUNTO COM O OUTRO (com + vencer) e não CONTRA o outro. PERSUADIR é saber gerenciar relação, é falar à emoção do outro. A origem dessa palavra está ligada à preposição PER, "por meio de" e a SUADA, deusa romana da persuasão. Significava "fazer algo por meio do auxílio divino". Mas em que CONVENCER se diferencia de PERSUADIR? Convencer é construir algo no campo das idéias. Quando convencemos alguém, esse alguém passa a pensar como nós. Persuadir é construir no terreno das emoções, é sensibilizar o outro para agir. Quando persuadimos alguém, esse alguém realiza algo que desejamos que ele realize.

Muitas vezes, conseguimos convencer as pessoas, mas não conseguimos persuadi-las. Podemos convencer um filho de que o estudo é importante e, apesar disso, ele continuar negligenciando suas tarefas escolares. Podemos convencer um fumante de que o cigarro faz mal à saúde, e, apesar disso, ele continuar fumando. Algumas vezes, uma pessoa já está persuadida a fazer alguma coisa e precisa apenas ser convencida. Precisa de um empurrãozinho racional de sua própria consciência ou da de outra pessoa, para fazer o que deseja. É o caso de um amigo que quer comprar um carro de luxo, tem dinheiro para isso, mas hesita em fazê-lo, por achar mera vaidade. Precisamos apenas dar-lhe uma "boa razão" para que ele faça o negócio. Às vezes, uma pessoa pode ser persuadida a fazer alguma coisa, sem estar convencida. É o caso de alguém que consulta uma cartomante ou vai a um curandeiro, apesar de, racionalmente, não acreditar em nada disso.

ARGUMENTAR É, POIS, EM ÚLTIMA ANÁLISE, A ARTE DE, GERENCIANDO INFORMAÇÃO, CONVENCER O OUTRO DE ALGUMA COISA NO PLANO DAS IDÉIAS E DE, GERENCIANDO RELAÇÃO, PERSUADI-LO, NO PLANO DAS EMOÇÕES, A FAZER ALGUMA COISA QUE NÓS DESEJAMOS QUE ELE FAÇA.

Um Pouco de História

A retórica, ou arte de convencer e persuadir, surgiu em Atenas, na Grécia antiga, por volta de 427 a.C., quando os atenienses, tendo consolidado na prática os princípios do legislador Sólon, estavam vivendo a primeira experiência de democracia de que se tem notícia na História. Ora, dentro desse novo estado de coisas, sem a presença de autoritarismo de qualquer espécie, era muito importante que os cidadãos conseguissem dominar a arte de bem falar e de argumentar com as pessoas, nas assembléias populares e nos tribunais. Para satisfazer essa necessidade, afluíram a Atenas, vindo sobretudo das colônias gregas da época, mestres itinerantes que tinham competência para ensinar essa arte. Eles se autodenominavam sofistas, sábios, aqueles que professam a sabedoria. Os mais importantes foram Protágoras e Górgias.

Como mestres itinerantes, os sofistas faziam muitas viagens e, por esse motivo, conheciam diversos usos e costumes. Isso lhes dava uma visão de mundo muito mais abrangente do que tinham os atenienses da época e lhes permitia mostrar a seus alunos que uma questão podia admitir diferentes pontos de vista. Um dos princípios propostos por eles era o de que muitos dos comportamentos humanos não eram naturais, mas criados pela sociedade. Como exemplo, citavam o "sentimento do pudor". Contradizendo os atenienses, que acreditavam que fosse algo natural, os professores de retórica afirmavam, por experiência própria, que, em muitos lugares por que tinham passado, a exposição de certas partes do corpo e certos hábitos tidos lá como normais, se vistos em Atenas, causariam perplexidade e constrangimento.

Foi esse tipo de pensamento que deve ter provocado a célebre afirmação de Protágoras: *O homem é a medida de todas as coisas*, que o levou, inclusive, a afirmar que o verdadeiro sábio é aquele capaz de julgar as coisas segundo as circunstâncias em que elas se inserem e não aquele que pretende expressar verdades absolutas.

A retórica, ao contrário da filosofia da época, professada principalmente por Sócrates e Platão, trabalhava, pois, com a teoria dos pontos de vista ou paradigmas, aplicados sobre os objetos de seu estudo. Por esse motivo, foi inevitável o conflito entre retóricos ou sofistas, de um lado; e os filósofos, de outro, que trabalhavam apenas com dicotomias como verdadeiro/falso, bom/mau etc.

TAREFAS DA RETÓRICA CLÁSSICA

A primeira tarefa da retórica clássica tinha natureza heurística[1]. Tratava-se de descobrir temas con-

---

1. Heurística é o método de análise que visa ao descobrimento e ao estu-

ceituais para discussão. Um dos temas mais célebres, escolhido por Górgias, foi "o direito que a paixão tem de se impor sobre a razão". Para defender essa tese, Górgias escreveu um discurso intitulado *Elogio a Helena*, em 414 a.C.

A história de Helena de Tróia é uma das mais conhecidas da mitologia grega. Helena, esposa de Menelau, rei da cidade de Esparta, foi raptada por Páris, príncipe troiano, que a ganhara como prêmio da deusa Vênus. Esse rapto deu origem à guerra de Tróia, que os gregos promoveram para resgatar Helena. A questão colocada por Górgias era que Helena, apesar de casada com Menelau e, do ponto de vista moral ligada a ele, tinha também o direito de apaixonar-se por Páris, dando vazão aos seus sentimentos. Na verdade, Vênus prometera a Páris não apenas Helena, mas o AMOR de Helena. Eis, a seguir, um pequeno trecho do *Elogio a Helena*:

> Eu quero, raciocinando com lógica sobre a infeliz tradição a ela referente (referente a Helena), liberá-la de toda acusação e fazer cessar a ignorância, demonstrando que seus acusadores estão equivocados. [. . .] Se o que originou seus atos foi o amor, não é difícil apagar a acusação de culpa em que dizem que ela incorreu. As coisas que vemos têm a natureza própria de cada uma delas e não a que nós queremos. Ademais, mediante a percepção visual, a alma é modelada em seu modo de ser. Assim, quando a vista contempla pessoas inimigas revestidas de armadura guerreira com ornamentos guerreiros de bronze e ferro, ofensivos e defensivos, se aterroriza e aterroriza sua

---

do de verdades científicas. A palavra se origina do verbo grego *eurisko*, que significa "achar", "encontrar".

alma, de maneira que, muitas vezes fugimos cheios de pavor, ainda que não haja um perigo iminente. [. . .] Portanto, se o olho de Helena originou em sua alma desejo e paixão amorosa pelo corpo de Páris, o que há nisso de assombroso? Se o amor é um deus, como poderia ter resistido e vencer o divino poder dos deuses quem é mais fraco do que eles? Se se trata de uma enfermidade humana e de um erro da mente, não há que se censurar como se fosse uma culpa, mas considerá-la apenas uma má sorte[2].

SENSO COMUM, PARADOXO E MARAVILHAMENTO

Tudo aquilo que pensamos e fazemos é fruto dos discursos que nos constroem, enquanto seres psicossociais. Na sociedade em que vivemos, somos moldados por uma infinidade de discursos: discurso científico, discurso jurídico, discurso político, discurso religioso, discurso do senso comum etc. Paramos o automóvel diante de um sinal vermelho, porque essa atitude foi estabelecida pelo discurso jurídico das leis de trânsito. Votamos em tal candidato de tal partido, porque esse tipo de voto foi conquistado pelo discurso político desse candidato.

Entre todos os discursos que nos governam, o mais significativo deles é o DISCURSO DO SENSO COMUM. Trata-se de um discurso que permeia todas as classes sociais, formando a chamada opinião pública. Tanto uma pessoa humilde e iletrada quanto um executivo de alto nível, com curso universitário completo, costumam dizer que os políticos são, em geral, corrup-

2. Górgias, *Fragmentos y Testimonios*, pp. 90-91. A tradução é minha.

tos ou que o brasileiro é relaxado e preguiçoso. Na verdade, o discurso do senso comum não é um discurso articulado; é formado por fragmentos de discursos articulados. Uma fonte desse discurso são os ditos populares, como *Devagar se vai ao longe, Água mole em pedra dura tanto bate até que fura* etc. Esse discurso tem um poder enorme de dar sentido à vida cotidiana e manter o *status quo* vigente, mas tende a ser, ao mesmo tempo, retrógrado e maniqueísta. Podemos até mesmo dizer que os momentos das grandes descobertas, das grandes invenções, foram também momentos em que as pessoas foram capazes de opor-se ao discurso do senso comum. Geralmente, essas pessoas, em um primeiro instante, se tornam alvo da incompreensão da massa que defende o senso comum. Foi o que aconteceu com a chamada Revolta da Vacina, uma rebelião popular ocorrida no Rio de Janeiro, de 12 a 15 de novembro de 1904, quando Oswaldo Cruz, diretor-geral da Saúde Pública do governo Rodrigues Alves, quis vacinar a população da cidade contra a febre amarela. A opinião geral era de que se tratava de inocular a doença nas pessoas. Dizem que até mesmo Rui Barbosa posicionou-se contra a medida, alegando o constrangimento das senhoras em expor o braço nu para tomar a vacina. Os cariocas, inflamados, levantaram barricadas, quebraram lampiões de iluminação pública e incendiaram alguns bondes da cidade.

Voltando a Atenas e aos professores de retórica, uma das técnicas mais utilizadas por eles, para arejar a

cabeça dos atenienses contra o discurso do senso comum, era a de criar paradoxos – opiniões contrárias
ao senso comum – levando, dessa maneira, seus ouvintes ou leitores a experimentarem aquilo que cha-
mavam MARAVILHAMENTO, capacidade de voltar a se sur-
preender com aquilo que o hábito vai tornando comum. Essa palavra foi substituída no expressionismo
alemão, no surrealismo francês e, sobretudo no forma-
lismo russo, pela palavra ESTRANHAMENTO, definida
como a capacidade de tornar novo aquilo que já se
tornou habitual em nossas vidas. Nesse sentido, o *Elogio a Helena* de Górgias foi paradoxal, pois contraria-
va o senso comum da época.

Uma das técnicas do paradoxo era criar discursos a partir de um antimodelo, ou seja, escolhia-se
algum tema sobre o qual já houvesse uma opinião
formada pelo senso comum e escrevia-se um texto
contrariando essa opinião. Era o antimodelo. Houve
momentos em que floresceram em Atenas discursos
iniciados sempre pela palavra CONTRA: *Contra os Físicos,
Contra Érebo*[3] etc.

A retórica clássica se baseava, portanto, na diversi-
dade de pontos de vista, no verossímil, e não em verdades absolutas. Isso fez com que a dialética e a filosofia da
época se aliassem contra ela. Platão, por exemplo, em
sua obra chamada *Górgias*, procura mostrar que a retórica visava apenas aos resultados, enquanto que a filoso-

---

3. Filho de Caos e da Noite. Foi transformado em rio e precipitado nos
    Infernos, por ter ajudados os Titãs.

fia visava sempre ao verdadeiro. Isso fez com que a retórica decaísse perante a opinião pública (discurso do
senso comum) durante séculos. A própria palavra so-
FISTA passou a designar pessoa de má-fé que procura en-
ganar, utilizando argumentos falsos. O interessante é
que o próprio Platão, na sua *República*, utiliza amplamente os recursos retóricos que ele próprio condenava. Nietzsche comentou, ao seu estilo, que o primeiro
motivo que levou Platão a atacar Górgias foi que
Górgias, além de seu sucesso político, era rico e amado pelos atenienses. Dizem, também, que um dos
motivos do declínio da retórica foi que a experiência
democrática dos gregos foi muito curta. Acabou em
404 a.C., quando Atenas foi subjugada por Esparta, ficando assim eliminado o espaço para a livre crítica de
idéias e o debate de opiniões.

Nos dias de hoje, a partir dos estudos da Nova
Retórica e do chamado Grupo μ, de Liège, na Bélgica,
a retórica foi amplamente reabilitada, tendo sido, sobretudo a partir dos anos 60, beneficiada pelos estudos
de outras ciências que se configuraram em nosso século, como a Lingüística, a Semiótica, a Pragmática e a
Análise do Discurso.

Os métodos retóricos da exploração da verossimilhança e dos diferentes pontos de vista sobre um objeto
ou situação têm sido o motor que vem impulsionando
o grande avanço moderno da ciência e da tecnologia.
Um bom exemplo disso são os trabalhos do médico
americano Judah Folkman, no campo da cancerologia.
O fundamento de sua pesquisa é um ponto de vista to-

talmente diferente do de seus pares. Segundo ele, é possível combater um tumor cancerígeno, cortando seu suprimento de sangue, por meio da eliminação da vascularização do tumor.

A habilidade de ver e sentir um objeto ou uma situação sob diferentes pontos de vista é importante em qualquer área, pois está ligada ao exercício da criatividade. Diz-nos a esse respeito Fernando Pessoa:

> A única maneira de teres sensações novas é construíres-te uma alma nova. Baldado esforço o teu se queres sentir outras coisas sem sentires de outra maneira, e sentires-te de outra maneira sem mudares de alma. Porque as coisas são como nós a sentimos – há quanto tempos sabes tu isto sem o saberes? – e o único modo de haver coisas novas, de sentir coisas novas é haver novidade no senti-las[4].

Uma carta de amor, por exemplo, pode ser entendida apenas como uma forma de uma pessoa transmitir a outra seus sentimentos. Mas pode também ser entendida de muitas outras maneiras, como no seguinte trecho de Rubem Alves:

> Uma carta de amor é um papel que liga duas solidões. A mulher está só. Se há outras pessoas na casa, ela as deixou. Bem pode ser que as coisas que estão nela escritas não sejam nenhum segredo, que possam ser contadas a todos. Mas, para que a carta seja de amor, ela tem de ser lida em solidão. Como se o amante estivesse dizendo: "Escrevo para que você fique sozinha . . ." É este ato de leitura solitária que estabelece a cumplicidade. Pois foi da solidão que a carta nasceu. A carta de amor é o objeto que o amante faz para tornar suportável o seu abandono.

4. Fernando Pessoa, *Livro do Desassossego*, vol. I, p. 94.

Olho para o céu. Vejo a Alfa Centauro. Os astrônomos me dizem que a estrela que agora vejo é a estrela que foi, há dois anos. Pois foi este o tempo que sua luz levou para chegar até os meus olhos. O que eu vejo é o que não mais existe. E será inútil que eu me pergunte: "Como será ela agora? Existirá ainda?" Respostas a estas perguntas eu só vou conseguir daqui a dois anos, quando a sua luz chegar até mim. A sua luz está sempre atrasada. Vejo sempre aquilo que já foi . . . Nisto as cartas se parecem com as estrelas. A carta que a mulher tem nas mãos, que marca o seu momento de solidão, pertence a um momento que não existe mais. Ela nada diz sobre o presente do amante distante. Daí a sua dor. O amante que escreve alonga os seus braços para um momento que ainda não existe. A amante que lê alonga os seus braços para um momento que não mais existe. A carta de amor é um abraçar do vazio[5].

5. Rubem Alves, "Cartas de Amor", *O Retorno e Terno*, pp. 44-45.

CONDIÇÕES DA ARGUMENTAÇÃO

A primeira condição da argumentação é ter definida uma tese e saber para que tipo de problema essa tese é resposta. Se queremos vender um produto, nossa tese é o próprio produto. Mas isso não basta. É preciso saber qual a necessidade que o produto vai satisfazer. Um bom vendedor é alguém capaz de identificar necessidades e satisfazê-las. Um bom vendedor de carros saberá vender um automóvel de passeio a um cliente que se locomove apenas no asfalto e um utilitário àquele que tem de enfrentar estradas de terra.

No plano das idéias, as teses são as próprias idéias, mas é preciso saber quais as perguntas que estão em sua origem. Se eu quero vender a idéia de que é preciso sempre poupar um pouco de dinheiro, eu tenho de saber que a pergunta básica é: – *O que eu faço com o dinheiro que recebo?* Muitas pessoas se queixam de que, nas reuniões da empresa, suas boas idéias nunca são levadas em consideração. O que essas pessoas não percebem é que essas idéias são respostas a perguntas que elas fizeram a si mesmas, dentro de suas cabeças. Ora, de nada adianta lançar uma idéia para um grupo que não conhece a pergunta. É preciso primeiro fazer a pergunta ao grupo. Quando todos estiverem procurando uma solução, aí sim, é o momento de lançar a idéia, como se lança uma semente em um campo previamente adubado.

Uma segunda condição da argumentação é ter uma "linguagem comum" com o auditório. Somos nós que temos de nos adaptar às condições intelectuais e sociais daqueles que nos ouvem, e não o contrário. Temos de ter um especial cuidado para não usar termos de informática para quem não é da área de informática, ou de engenharia, para quem não é da área de engenharia e assim por diante.

Durante a campanha para a prefeitura de São Paulo, em 1985, Jânio Quadros contou com o apoio do deputado e ex-ministro Delfim Neto. Durante um comício para moradores de um bairro de periferia, Delfim terminou sua fala dizendo: "– *A grande causa do processo inflacionário é o déficit orçamentário!*" Logo depois, Jânio chamou Delfim de lado e disse: "– *Delfim, olhe para a cara daquele sujeito ali. O que você acha que ele entendeu do seu discurso? Ele não sabe o que é processo. Não sabe o que é inflacionário. Não sabe o que é déficit. E não tem a menor idéia do que é orçamentário. Da próxima vez, diga assim: – A causa da carestia é a roubalheira do governo!*"

Em um processo argumentativo, nós somos os únicos responsáveis pela clareza de tudo aquilo que dissermos. Se houver alguma falha de comunicação, a culpa é exclusivamente nossa!

A terceira condição da argumentação é ter um contato positivo com o auditório, com o outro. Estamos falando outra vez de gerenciamento de relação. Nunca diga, por exemplo, que vai usar cinco minutos de alguém, se vai precisar de vinte minutos. É preferível, nesse caso, dizer que vai usar meia hora. Muitas vezes, há necessidade de respeitar hierarquias e agendas. Faça isso com sinceridade e bom humor.

Outra fonte de contato positivo com o outro é saber ouvi-lo. Noventa e nove por cento das pessoas não sabem ouvir. A maior parte de nós tem a tendência de falar o tempo todo. É preciso desenvolver a capacidade da audiência empática. PATHOS, em grego, além de enfermidade, significa SENTIMENTO. EM, preposição, significa DENTRO DE. Ouvir com empatia quer dizer, pois, ouvir *dentro do* sentimento do outro.

As palavras são escolhidas inconscientemente. É preciso prestar atenção a elas. É preciso prestar atenção também ao som da voz do outro! É por meio da voz que expressamos alegria, desespero, tristeza, medo ou raiva. Às vezes, a maneira como uma pessoa usa sua voz nos dá muito mais informações sobre ela do que o sentido lógico daquilo que diz. Devemos também aprender a "ouvir" com nossos olhos! A postura corporal do outro, suas expressões faciais, a maneira como anda, como gesticula e até mesmo a maneira como se veste nos dão informações preciosas. O poeta e semioticista Décio Pignatari costuma dizer que o homem precisa aprender a "OUVIVER", verbo que ele inventou a partir de OUVIR, VER e VIVER.

Finalmente, a quarta condição e a mais importante delas: agir de forma ética. Isso quer dizer que devemos argumentar com o outro, de forma honesta e transparente. Caso contrário, ARGUMENTAÇÃO fica sendo sinônimo de MANIPULAÇÃO. O fato de agirmos com honestidade nos confere uma característica importante em um processo argumentativo: a CREDIBILIDADE. Para ter credibilidade é preciso apenas comportar-se de modo verdadeiro, sem medo de revelar propósitos e emoções. Assim como as pessoas possuem "detectores inconscientes" de interesse sexual em relação ao sexo oposto, capazes de decodificar posturas corporais, expressões faciais e tom de voz, elas também possuem "detectores de credibilidade" em relação ao outro. Para ter credibilidade, basta procurar a criança que existe dentro de nós. As crianças não dizem aquilo em que não acreditam e não fingem o que não sentem. Se estão tristes, seus rostos refletem nitidamente a tristeza. Se estão alegres, refletem essa alegria. Ao longo da vida, nós, adultos, é que desaprendemos a espontaneidade, depois que outros adultos nos ensinaram a separar nossa inteligência de nossas emoções.

O AUDITÓRIO

O auditório é o conjunto de pessoas que queremos convencer e persuadir. Seu tamanho varia muito. Pode ser do tamanho de um país, durante uma comunicação em rede nacional de rádio e televisão, pode ser um pequeno grupo, dentro de uma empresa, mas pode ser apenas uma única pessoa: um amigo, um cliente, ou um namorado ou namorada.

É preciso não confundir interlocutor com auditório. Um repórter que entrevista você não é seu auditório, é apenas seu interlocutor. O auditório são os leitores do jornal ou os telespectadores em suas casas. O ex-presidente Figueiredo costumava fazer esse tipo de confusão. Certa vez, uma garotinha que alguém tinha colocado em seu colo lhe fez a seguinte pergunta: – *O que o senhor faria, se seu pai ganhasse salário mínimo? – Dava um tiro na cuca!*, respondeu o presidente, sem perceber que a garota era apenas uma interlocutora instruída astuciosamente por algum adulto. O verdadeiro auditório era o povo brasileiro que assistia à televisão, o que ficou comprovado pelas pesadas críticas dos jornais, no dia seguinte.

AUDITÓRIO UNIVERSAL E AUDITÓRIO PARTICULAR

Auditório universal é um conjunto de pessoas sobre as quais não temos controle de variáveis. O público que assiste a um programa de televisão configura um auditório universal. São homens e mulheres de todas as classes sociais, de idades diferentes, diferentes profissões, diferentes níveis de instrução e de diferentes regiões do país. Auditório particular é um conjunto de pessoas cujas variáveis controlamos. Uma turma de alunas de uma escola de segundo grau configura um auditório particular. Trata-se de pessoas jovens, do sexo feminino, com o mesmo nível de escolaridade.

Aquele que vai argumentar precisa adaptar-se ao seu auditório. Diz o provérbio que *A comida deve agradar aos convidados e não ao cozinheiro*. Mas temos de ter um cuidado muito importante, quando estamos diante de um auditório particular: o de nunca manifestar um ponto de vista que não possa ser defendido também dentro de um auditório universal. Isso, por dois motivos: ética e auto-interesse. Quando você explora o preconceito ou a inimizade de um grupo em relação a outros grupos, além de não estar sendo ético, essa forma de agir pode voltar-se contra você, quando e onde você menos estiver esperando. Lembra-se da lei de Murphy? Quer um exemplo? Em 1997, um alto executivo da Texaco, nos Estados Unidos, utilizou, em uma reunião fechada da presidência (auditório particular), argumentos racistas, tendo como alvo um funcionário negro da empresa. A notícia vazou não só dentro da companhia, mas em todo o país (auditório universal). Como resultado, a Texaco foi condenada a pagar uma indenização de 179 milhões de dólares a seus funcionários negros, a título de reparação de danos morais.

Convencendo as Pessoas

Ao iniciar um processo argumentativo visando ao convencimento, não devemos propor de imediato nossa tese principal, a idéia de que queremos "vender" ao nosso auditório. Devemos, antes, preparar o terreno para ela, propondo alguma outra tese, com a qual nosso auditório possa antes concordar. Quando Ronald Reagan foi candidato pela primeira vez à presidência dos Estados Unidos, antes de pedir aos americanos que votassem nele, fez-lhes a seguinte pergunta:

– Vocês estão hoje melhores do que estavam há quatro anos?

É claro que Reagan sabia que a resposta era NÃO. No governo Carter, que estava terminando, a taxa de desemprego aumentara, havia uma inflação elevada para os padrões do país e havia trezentos reféns americanos presos há mais de um ano na Embaixada americana no Irã. Somente depois de fazer essa pergunta e deixar as pessoas pensarem na resposta é que pediu que votassem nele, e sabemos que ele ganhou não somente aquela eleição, mas também a seguinte.

Essa tese preparatória chama-se TESE DE ADESÃO INI-
CIAL. Uma vez que o auditório concorde com ela, a argumentação ganha estabilidade, pois é fácil partir dela
para a tese principal. As teses de adesão inicial funda-
mentam-se em FATOS ou em PRESUNÇÕES. A tese de Reagan fundamentou-se num fato: o de que os americanos
estavam tendo uma vida pior, sob o governo Carter. Se
quisermos, por exemplo, defender o *Novo Código Brasileiro de Trânsito* (tese principal) é importante levar nosso auditório a concordar previamente com um fato: o
de que, depois de implantado esse código, houve uma
diminuição de 50% das mortes no trânsito (tese de
adesão inicial).

Neném Prancha, um técnico carioca de futebol de
várzea, utilizava uma curiosa técnica de argumentação,
como tese de adesão inicial, para convencer seus jogadores aprendizes a manter a bola no chão, em jogo
rasteiro, em vez de levantá-la em jogadas de efeito,
mas inúteis para quem está começando a aprender os
fundamentos do futebol. Dizia ele aos meninos:

– Olhem aqui: a bola é feita de couro. O couro vem da vaca. A
vaca gosta de grama. Por isso a bola tem que ser jogada rasteira, na
grama! . . .

As presunções são suposições fundamentadas
dentro daquilo que é normal ou verossímil. Se alguém
que você espera está demorando a chegar, você pode
presumir uma série de motivos: ele pode ter esqueci-
do o compromisso, pode ter recebido uma visita ines-
perada, pode ter ficado retido no trânsito, e assim por

diante. Tudo isso são presunções. Imaginar, contudo, que a pessoa esperada tenha sido seqüestrada por um ET ou que tenha, no meio do caminho, decidido participar de uma maratona, não são presunções, pois esses motivos fogem ao conceito de normalidade ou verossimilhança.

Assisti certa vez a um filme em que um jovem estava sendo acusado de assassinato. Durante o julgamento, o advogado de defesa utiliza uma presunção como tese de adesão inicial. Mostra ele aos jurados que o comportamento normal de um criminoso, depois de matar sua vítima, é afastar-se rapidamente do local do crime e desfazer-se da arma utilizada, atirando-a num rio ou em algum outro local pouco acessível.

Ora, o réu em questão tinha sido preso por ter sido denunciado à polícia, por meio de um telefonema anônimo. Quando a polícia o procurou, encontrou-o dormindo um sono tranqüilo em sua própria casa, com a arma do crime, limpa de impressões digitais, jogada debaixo da cama. A tese principal do advogado era a de que o réu era inocente da acusação, mas, antes de defendê-la, conseguiu que os jurados concordassem com a presunção de que era muito pouco provável que alguém fosse tão inexperiente a ponto de atirar a arma do crime sob a própria cama e, ao mesmo tempo, tão experiente a ponto de ter apagado previamente as impressões digitais.

As Técnicas Argumentativas

Técnicas argumentativas são os fundamentos que estabelecem a ligação entre as teses de adesão inicial e a tese principal. Essas técnicas compreendem dois grupos principais: os ARGUMENTOS QUASE LÓGICOS e os ARGUMENTOS FUNDAMENTADOS NA ESTRUTURA DO REAL.

ARGUMENTOS QUASE LÓGICOS

COMPATIBILIDADE E INCOMPATIBILIDADE

Utilizando essa técnica, a pessoa que argumenta procura demonstrar que a tese de adesão inicial, com a qual o auditório previamente concordou, é compatível ou incompatível com a tese principal. No caso do exemplo de Ronald Reagan, o então candidato à presidência norte-americana demonstrou que a situação do povo americano nos quatro anos de governo Carter era incompatível com a reeleição desse presidente, mas era compatível com a eleição dele, Reagan.

Podemos, por exemplo, antes de tentar convencer o Secretário de Transportes de nossa cidade a retirar as lombadas das ruas (tese principal), fazê-lo concordar com a tese de adesão inicial de que, em caso de incêndio ou transporte de doentes, as lombadas prejudicam sensivelmente a locomoção de carros de bombeiro e de ambulâncias, que são obrigados a parar a cada obstáculo, atrasando um socorro que deveria ser imediato. As lombadas são, pois, incompatíveis com o bom funcionamento dos serviços públicos de emergência.

Há algum tempo, foi veiculado pela Internet um texto sobre a existência de Papai Noel. Vejamos alguns trechos:

Em resposta a uma avassaladora quantidade de solicitações recebidas, e contando em nossa pesquisa com a ajuda da renomada publicação científica *SPY Magazine* (janeiro, 1990) – tenho o prazer de apresentar as conclusões do *Annual Scientific Inquiry Into Santa Claus* (*Pesquisa Científica Anual sobre Papai Noel*).

3. Papai Noel tem 31 horas no dia de Natal para executar seu trabalho, graças aos diferentes fusos horários e à rotação da Terra, assumindo que ele viaja de leste para oeste (o que parece mais lógico). O que nos leva a 822,6 visitas por segundo. Isto é o mesmo que dizer que, para cada lar cristão com uma criança que foi boazinha o ano todo, Papai Noel dispõe de aproximadamente 1/1000 (1 milésimo) de segundo para estacionar, pular do trenó, escalar a casa, descer pela chaminé, encher as meias, distribuir os presentes restantes sob a árvore, comer o lanche que porventura lhe tenha sido deixado, voltar pela chaminé, entrar novamente no trenó e dirigir-se para a casa seguinte. Isto significa que o trenó de Papai Noel se desloca a uma velocidade de 1 045 quilômetros por segundo, ou 3000 vezes a velocidade do som.

4. A capacidade de carga do trenó pode adicionar outros elementos interessantes à investigação. Assumindo que cada criança não ganhe mais que um conjunto médio de Lego (900 gramas), o trenó estará carregando 321 300 toneladas, não incluindo o próprio

Papai Noel, invariavelmente descrito como extremamente obeso. No solo, uma rena convencional pode puxar não mais que 135 quilos. Mesmo admitindo que uma "rena voadora" possa puxar DEZ VEZES esta carga, não seria possível executar este trabalho com apenas 8 ou mesmo 9 renas. Seriam necessárias 214 200 renas voadoras. Isto aumenta o peso do conjunto, sem contar o peso do trenó, para 353 430 toneladas.

5.353 000 toneladas viajando a 1 045 quilômetros por segundo criam uma enorme resistência do ar – isto queimaria as renas voadoras de uma forma similar a como queimam as naves espaciais quando da reentrada na atmosfera da Terra. A total vaporização de todo o grupo de renas levaria apenas 4,26 milésimos de segundo. Enquanto isso, Papai Noel seria submetido a uma força centrífuga 17 500,06 vezes maior que a gravidade. Um Papai Noel de 115 quilos (o qual nos parece burlescamente magro) seria esmagado na parte traseira de seu trenó por 1 954 700 quilogramas-força. CONCLUSÃO: Se Papai Noel de fato ENTREGAVA presentes na véspera de Natal, ele está morto agora.

A tese principal é a de que Papai Noel, se existisse, estaria morto. Para chegar a ela, o bem-humorado autor do texto usa como teses de adesão inicial vários fatos relativos às leis da física, demonstrando a sua total incompatibilidade com o trabalho do bom velhinho.

Esses argumentos recebem o nome de QUASE LÓGICOS, porque muitas das incompatibilidades não dependem de aspectos puramente formais e sim da natureza das coisas ou das interpretações humanas. Um eleitor norte-americano, mesmo concordando que o país estava pior no governo Carter, poderia votar nele, por uma questão de amizade, parentesco ou religião. Em um argumento lógico isso é impossível. Eu não posso, por exemplo, depois de dizer que *todo homem é mortal,* dizer que *Paulo,* apesar de ser homem, *não é mortal,* porque é meu amigo!

REGRA DE JUSTIÇA

A regra de justiça fundamenta-se no tratamento idêntico a seres e situações integrados em uma mesma categoria. Um filho, cujo pai se recusa a custear-lhe a faculdade, pode protestar, dizendo que acha isso injusto, uma vez que seus dois irmãos mais velhos tiveram seus cursos superiores pagos por ele. É um argumento de justiça, fundamentado na importância de um precedente.

Utilizando ainda a questão das lombadas, podemos argumentar, defendendo a tese principal da sua retirada, dizendo que esses obstáculos são injustos, uma vez que tanto aqueles que têm por hábito andar em alta velocidade, quanto aqueles que não têm esse hábito são punidos da mesma forma, pelo desconforto de ter de frear o carro, pelo desgaste do veículo etc.

RETORSÃO

Denominamos retorsão a uma réplica que é feita, utilizando os próprios argumentos do interlocutor. No dia seguinte, após ter entrado em vigor, no ano de 1998, o novo Código Nacional de Trânsito, os noticiários de televisão mostravam donos de carros antigos comprando, em lojas de acessórios, cintos de segurança de três pontos e apoiadores de cabeça para os bancos traseiros, objetivando cumprir um artigo desse código que estabelecia a necessidade desses equipamentos em todos os veículos em circulação no país. Horas depois, um jurista apareceu na mesma emissora de televisão, afirmando que não havia a menor necessidade daquele procedimento, uma vez que o mesmo código, em outro artigo, dizia que não poderiam ser alteradas as características originais de fabricação dos veículos, ou seja, o próprio código que exigia adaptações, em outro artigo, desautorizava-as. Ficou valendo esta última posição! A obrigatoriedade dos cintos de três pontos e dos apoiadores de cabeça para os bancos traseiros ficou restrita aos carros fabricados a partir da data de vigência do novo código.

Um dos mais famosos exemplos de retorsão é o conhecido soneto do escritor brasileiro da época barroca Gregório de Matos Guerra:

Pequei, Senhor, mas não porque hei pecado,
Da vossa piedade me despido,
Porque quanto mais tenho delinqüido,
Vos tenho a perdoar mais empenhado.

Se basta a vos irar tanto um pecado,
A abrandar-vos sobeja um só gemido,
Que a mesma culpa, que vos há ofendido,
Vos tem para o perdão lisonjeado.

Se uma ovelha perdida, e já cobrada
Glória tal, e prazer tão repentino
Vos deu, como afirmais na Sacra História:

Eu sou, Senhor, a ovelha desgarrada
Cobrai-a, e não queirais, Pastor divino,
Perder na vossa ovelha a vossa glória.

O autor baseia-se em fatos bíblicos para convencer Deus a perdoar-lhe os pecados. Diz ele que, se Deus não lhe perdoar, estará contradizendo sua própria lição de perdão, ilustrada na parábola do filho pródigo.

RIDÍCULO

O argumento do ridículo consiste em criar uma situação irônica, ao se adotar, de forma provisória, um argumento do outro, extraindo dele todas as conclusões, por mais estapafúrdias que sejam. Um exemplo desse procedimento pode ser visto no artigo abaixo, de autoria de Clóvis Rossi, publicado no jornal *Folha de S. Paulo*:

Cai o Palace 2 e os culpados são as vítimas, se se pudesse levar a sério a afirmação de seu construtor, o deputado Sérgio Naya, de que ouviu falar que algum morador do prédio estava construindo irregularmente uma piscina, em clara insinuação de que fora essa a causa do desabamento.

São Paulo quase some sob as águas de março e os culpados são, de novo, as vítimas. Se não fosse o tal do povo sujar as ruas, os bueiros não teriam ficado entupidos e não teria, em conseqüência, havido alagamentos. É o que alega a laboriosa Prefeitura de São Paulo, gestão Celso Pitta.

Como no Brasil há uma forte tendência a que peguem modas indecentes, vamos desde logo à lista dos próximos culpados:

1. Está desempregado? A culpa é sua. Quem mandou preferir ficar em casa, batendo papo com a "patroa", em vez de pegar no pesado? Você acaba se viciando no generosíssimo seguro-desemprego pago pelo governo.

2. Sua pequena ou microempresa quebrou? A culpa é sua. Se tivesse PhD em Ásia, você ficaria sabendo que a Tailândia ia quebrar, que logo seria seguida por um punhado de "tigres" e o Brasil seria obrigado a duplicar o juros, que já eram dos mais altos do mundo. Será que só você não percebeu que a Ásia ia quebrar?

3. Levou uma bala perdida? A culpa é sua. Quem mandou sair à rua, dormir ou nadar sem um colete à prova de balas?

4. Não conseguiu colocar o filho na escola pública de sua preferência? A culpa é sua. Por que não comprou uma casa em um bairro em que a escola próxima tem vagas?

5. Está penando na fila do INSS? A culpa é sua. Só você não ficou sabendo que a economia de mercado oferece uma penca de planos de saúde privados (a fila pelo menos é menor). E não me venha com a história de que o seu salário não lhe permite pagar um plano desses. Quem mandou você não se preparar para a tal da globalização?[1]

Como vemos, o articulista aceita de modo provisório e irônico o argumento do construtor Sérgio Naya e do prefeito de São Paulo, e aplica-o em diferentes situações, gerando paradoxos.

O escritor Luís Fernando Veríssimo escreveu, certa vez, uma crônica, utilizando a técnica do ridículo. Trata-se da história de um pobre cego que não tinha conseguido encontrar um cão para guiá-lo pelas ruas da cidade e, como diz o provérbio que "quem não tem cão caça com gato", arrumou ele um gato. Depois de certo tempo, era visto passeando não só pelas ruas da cidade, guiado pelo gato, mas também por cima dos muros, por sobre os telhados e por outros lugares insólitos freqüentados usualmente por esses felinos. Por isso eu prefiro dizer: *quem não tem cão melhor não caçar, porque gato só atrapalha!*

---

1. *Folha de S. Paulo,* 7.3.1998, p. 1-2.

DEFINIÇÃO

Para entender o uso das definições como técnicas argumentativas, precisamos, primeiramente, conceituá-las. As definições podem ser: lógicas, expressivas, normativas e etimológicas.

Definições Lógicas. Se queremos definir logicamente uma janela, podemos começar, dizendo o seu gênero: *janela é UMA ABERTURA NA PAREDE.* Mas se ficarmos somente nisso, não teremos uma definição. Afinal, uma porta também é uma abertura na parede. Devemos, portanto, acrescentar diferenças entre essa abertura e outras também possíveis. Diremos então: *janela é uma abertura na parede EM UMA ALTURA SUPERIOR AO SOLO.* Mas um orifício feito com uma broca pode ser também uma abertura na parede em uma altura superior ao solo. Devemos, portanto, explicitar outras diferenças, dizendo, finalmente, *que uma janela é uma abertura ampla numa parede, em uma altura superior ao solo, com a finalidade de iluminação e ventilação.*

As definições lógicas podem ser esquematizadas a partir da seguinte fórmula:

Termo = {gênero + diferença 1 + diferença 2 + ... + diferença n}

Definições Expressivas. Uma definição expressiva não tem nenhum compromisso com a lógica. Depende de um ponto de vista. Um arquiteto pode, por exemplo, definir janela como *uma oportunidade para contemplar o verde*. Millor Fernandes criou uma definição de família, satirizando a falta de comunicação entre seus membros, dizendo que *família é um conjunto de pessoas que têm a chave de uma mesma casa.*

Definições Normativas. As definições normativas indicam o sentido que se quer dar a uma palavra em um determinado discurso e dependem de um acordo feito com o auditório. Um médico poderá dizer, por exemplo: – *Para efeito legal de transplante de órgãos, vamos considerar a morte do paciente como o desaparecimento completo da atividade elétrica cerebral.*

Definições Etimológicas. As definições etimológicas são fundamentadas na origem das palavras. Podemos dizer, como exemplo, que *convencer* significa vencer junto com o outro, pois é formada pela preposição *com* mais o verbo *vencer*. Se fosse vencer o outro ou contra o outro, deveria ser *contravencer*. É preciso, contudo, prestar atenção a um fato importante. Às vezes, as definições etimológicas não correspondem mais à realidade atual. Tal é o caso, por exemplo, da palavra *átomo* que, examinada etimologicamente, quer dizer *aquilo que não pode ser dividido* (a + tomo). Mas, todos sabemos, hoje em dia, que os átomos são compostos de muitas partículas subatômicas e podem ser divididos por meio da fissão nuclear.

As definições expressivas e etimológicas são as mais utilizadas como técnicas argumentativas, uma vez que permitem a fixação de pontos de vista como teses de adesão inicial. Um arquiteto poderá tentar convencer um cliente a aceitar modificações na localização das janelas de um projeto, ou no seu paisagismo, a partir da definição expressiva (tese de adesão inicial) de que uma janela deve ser sempre uma oportunidade para se contemplar o verde.

A filósofa Marilena Chauí utiliza, no texto a seguir, a definição etimológica de *religião*, para explicar o modo como as várias culturas se relacionam com o sobrenatural:

> A palavra religião vem do latim: *religio*, formada pelo prefixo *re* (outra vez, de novo) e o verbo *ligare* (ligar, unir, vincular). A religião é um vínculo. Quais as partes vinculadas? O mundo profano e o mundo sagrado, isto é, a Natureza (água, fogo, ar, animais, plantas, astros, pedras, metais, terra, humanos) e as divindades que habitam a Natureza ou um lugar separado da Natureza.
>
> Nas várias culturas, essa ligação é simbolizada no momento de fundação de uma aldeia, vila ou cidade: o guia religioso traça figuras no chão (círculo, quadrado, triângulo) e repete o mesmo gesto no ar (na direção do céu, ou do mar, ou da floresta, ou do deserto). Esses dois gestos delimitam um espaço novo, *sagrado* (no ar), e *consagrado* (no solo). Nesse novo espaço erguem-se o santuário (em latim, *templum*, templo) e à sua volta, os edifícios da nova comunidade[2].

ARGUMENTOS FUNDAMENTADOS NA ESTRUTURA DO REAL

Os argumentos baseados na estrutura do real não estão ligados a uma descrição objetiva dos fatos, mas a

2. Marilena Chauí, *Convite à Filosofia*, p. 298.

pontos de vista, ou seja, a opiniões relativas a ele. Na cena III do ato III da peça *Hamlet* de Shakespeare, o jovem Hamlet, já decidido a matar o próprio tio, assassino de seu pai e usurpador do trono, encontra-o à sua mercê, orando, em uma crise de arrependimento, e argumenta:

– É propícia a ocasião; acha-se orando. Vou fazê-lo. (*Desembainha espada.*) Mas, destarte alcança o céu. E assim me vingarei? Em outros termos: mata um canalha a meu pai; e eu, seu filho único, despacho esse mesmíssimo velhaco para o céu? É soldo e recompensa, não vingança. Assassinou meu pai, quando ele estava pesado de alimentos, com seus crimes floridos como maio. O céu somente saberá qual o estado de suas contas; mas, de acordo com nossas presunções, não será bom. Direi que estou vingado, se o matar quanto tem a alma limpa e apta para fazer a grande viagem? Não! (*Embainha a espada.*)
– Aguarda, espada, um golpe mais terrível, no sono da embriaguez, ou em plena cólera, nos prazeres do leito incestuoso, no jogo, ao blasfemar, ou em qualquer ato que o arraste à perdição. Nessa hora, ataca-o; que para o céu vire ele os calcanhares, quando a alma estiver negra como o inferno, que é o seu destino[3].

A argumentação de Hamlet para adiar seus planos de vingança toma por base um ponto de vista sobre a morte, vigente à sua época: se alguém morresse em atitude de oração e arrependimento, iria para o céu. Seu pai fora assassinado, quando dormia. Não tivera, portanto, oportunidade de orar e arrepender-se e, por esse motivo, não deveria ainda estar no céu. Talvez estivesse em algum tipo de purgatório. Sua tese

3. Shakespeare, *Hamlet*, pp. 141-142.

de adesão inicial, baseada nesse ponto de vista do real (estar rezando ao morrer é ter garantido o céu) o leva à sua tese principal: não matar o rei usurpador enquanto reza, adiando a vingança para o futuro.

Os principais argumentos baseados na estrutura do real são: argumento pragmático, argumento do desperdício, argumentação pelo exemplo, pelo modelo ou antimodelo e pela analogia.

ARGUMENTO PRAGMÁTICO

O argumento pragmático fundamenta-se na relação de dois acontecimentos sucessivos por meio de um vínculo causal. O argumento de Hamlet, no exemplo anterior, trabalha nessa linha, pois, deixando de matar o rei usurpador, evita que essa morte seja causa de um acontecimento futuro que ele não deseja: que a alma do tio vá para o céu. O mais comum, entretanto, é a transferência de valor de uma conseqüência, para a sua causa. Exemplo: uma semana após a implantação do Novo Código Nacional de Trânsito, em 1998, os jornais divulgaram uma estatística que comprovava um decréscimo de acidentes com vítimas da ordem de 56%. Essa estatística serviu de tese de adesão inicial para a tese principal: a de que o novo Código era uma coisa boa. Para que o argumento pragmático funcione é preciso que o auditório concorde com o valor da conseqüência. O texto a seguir, de autoria de Paulo Coelho, utiliza o argumento pragmático:

PREVENÇÃO

Paulo Coelho

O mullah Nasrudin chamou o seu aluno preferido: "Vá pegar água no poço", disse.

O menino preparou-se para fazer o que lhe fora pedido. Antes de partir, entretanto, levou um cascudo do sábio.

"E não entre em contato com jogadores e pessoas vaidosas, senão terminará perdendo sua alma!", disse o sábio.

"Ainda nem saí de casa, e já recebi um cascudo! O senhor está me castigando por algo que não fiz!"

"Com as coisas importantes na vida, não se pode ser tolerante", disse Nasrudin. "De que adiantaria castigá-lo, depois que já tivesse perdido sua alma?"[4]

O valor de manter pura a alma do menino é transferido para a causa: o castigo aparentemente injusto.

A lei do carma para os hindus fundamenta-se no argumento pragmático. Dizem eles que os males que as pessoas sofrem na vida presente, sem razão aparente, são justificados por faltas cometidas em existências anteriores. A causa, que não é visível nesta vida, estaria em uma vida passada. Trata-se do carma dessa pessoa.

É preciso, contudo, bastante cuidado e, sobretudo, muita ética, no uso do argumento pragmático. Caso contrário, estaremos de acordo com aquela máxima que diz que *os fins justificam os meios*. Muitas pessoas acham que, porque tiveram uma educação rígida, tornaram-se competentes e, por esse motivo, pretendem, quando forem pais, educar seus filhos da mesma maneira.

4. *Folha de S. Paulo*, 26.4.1996, p. 4-2.

As superstições são também fundamentadas no argumento pragmático. O supersticioso acredita, por exemplo, que, como foi assaltado numa esquina após um gato preto ter passado à sua frente, o motivo foi o gato. Transfere o azar do assalto para a causa supersticiosa do gato preto.

ARGUMENTO DO DESPERDÍCIO

Esse argumento consiste em dizer que, uma vez iniciado um trabalho, é preciso ir até o fim para não perder o tempo e o investimento. É o argumento utilizado, por exemplo, por um pai que quer demover o filho da idéia de abandonar um curso superior em andamento. Bossuet, grande orador sacro, bispo da cidade francesa de Meaux, utilizava esse argumento, ao dizer que os pecadores que não se arrependem e, dessa maneira, não conseguem salvar suas almas, estão desperdiçando o sacrifício feito pelo Cristo que, afinal, morreu para nos salvar.

ARGUMENTAÇÃO PELO EXEMPLO

A argumentação pelo exemplo acontece quando sugerimos a imitação das ações de outras pessoas. Podem ser pessoas célebres, membros de nossa família, pessoas que conhecemos em nosso dia-a-dia, cuja conduta admiramos. Posso defender a tese principal de que as pessoas de mais de cinqüenta anos ainda podem realizar grandes coisas em suas vidas, utilizando como tese de adesão inicial o exemplo de Júlio César que, depois dos cinqüenta anos, venceu os gauleses, derrotou Pompeu e tornou-se governador absoluto em Roma.

Dizem que, quando Tancredo Neves pretendia ser candidato à presidência da República, houve, dentro do PMDB, rumores contrários à sua candidatura, alegando ter ele idade avançada. Imediatamente, Tancredo argumentou pelo exemplo, dizendo que, aos 23 anos, Nero tinha posto fogo em Roma e que, com 71 anos, Churchil tinha vencido os nazistas, na Segunda Guerra Mundial[5].

ARGUMENTAÇÃO PELO MODELO OU PELO ANTIMODELO

A argumentação pelo modelo é uma variação da argumentação pelo exemplo. Os americanos costumam tomar George Washington e Abraham Lincoln como modelos de homens públicos. Aqui no Brasil, falamos em Oswaldo Cruz, Santos Dumont, mas também em Albert Einstein. Podemos dizer a um garoto que ele não deve acanhar-se de ter problemas em matemática (tese principal), pois até mesmo Einstein tinha problemas em matemática (tese de adesão inicial).

A argumentação pelo ANTIMODELO fala naquilo que devemos evitar. Segundo Montaigne, o antimodelo é mais eficaz que o modelo. Dizia ele, citando o estadista romano Catão, que *"os sensatos têm mais que aprender*

---

5. Na verdade, Tancredo exagerou um pouco, pois, quando Roma foi incendiada, em 64 d.C., Nero tinha 37 anos de idade e não 23.

com os loucos do que os loucos com os sensatos". Contava também a história de um professor de lira que costumava fazer seus discípulos ouvirem um mau músico que morava em frente da sua casa, para que aprendessem a odiar as desafinações.

Um caso comum de antimodelo é o do pai alcoólatra. Raramente pais alcoólatras têm filhos alcoólatras. O horror ao antimodelo é tamanho que, muitas vezes, os filhos de alcoólatras acabam tornando-se completamente abstêmios.

Argumentação pela Analogia

Quando queremos argumentar pela analogia, utilizamos como tese de adesão inicial um fato que tenha uma relação analógica com a tese principal.

O renomado médico baiano Elsimar Coutinho utiliza a argumentação pela analogia, em um livro chamado *Menstruação, a Sangria Inútil*, defendendo a tese (principal) de que as mulheres devem evitar a menstruação, tomando uma medicação que iniba a ovulação. Ao ser questionado se isso não seria interromper uma coisa natural, diz ele que nem tudo aquilo que é natural é bom. Um terremoto, por exemplo, é uma coisa natural e não é boa. Uma enchente é uma coisa natural e não é boa. Uma infecção por bactérias é uma coisa natural e não é boa. Tanto que tomamos antibióticos para combatê-la. Segundo ele, a menstruação, embora natural, tem aspectos indesejáveis como a tensão prémenstrual, e o perigo de enfermidades graves como a endometriose. Combatê-la, pois, com medicamentos, como fazemos com os antibióticos em relação a uma infecção, é uma medida acertada, diz ele.

Completa ele a sua argumentação, ainda por analogia, dizendo que assim como a humanidade viveu dois mil anos sob os ensinamentos de Hipócrates e Galeno, segundo os quais a sangria era o mais poderoso e eficiente remédio para todos os males, muitas mulheres ainda vêem a menstruação como um mecanismo purificador pelo qual a natureza se livra de um sangue sujo ou ruim.

O jornalista Carlos Heitor Cony, comentando a reeleição do presidente Fernando Henrique Cardoso, em 1998, escreveu o seguinte artigo no jornal *Folha de S. Paulo*:

NON HUNC, SED BARABBAM

Vou mesmo de latim para comentar a vitória de FHC no último domingo. Lendo os jornais nos últimos dias, previ que ele teria 80% dos votos. Acho que os esforçados panfletários a favor exageraram um pouco. Afinal, diante de todas as excelências e boas intenções do candidato à reeleição, os 50 e poucos por cento que obteve nas urnas não lhe fizeram justiça.

Volto ao título. Creio que a primeira eleição historicizada foi aquela promovida por Pilatos, que desejava livrar a cara de Jesus e o colocou em confronto com Barrabás, um assassino que estava para ser crucificado. Era costume libertar um condenado por ocasião da Páscoa judaica.

O raciocínio de Pilatos foi um voto de confiança na sabedoria do povo: entre um assassino e um profeta cujo crime era anunciar o Reino da Verdade, a plebe rude salvaria o profeta e condenaria o criminoso.

Ledo e ivo engano! Não havia TV, cientistas políticos e institutos de pesquisa para influir na vontade popular. Pilatos exibiu o profeta exangue, nem precisou mostrar o adversário, todos sabiam que Barrabás não prestava mesmo, sua fama de maus bofes era conhecida na Galiléia, na Samaria, até mesmo nas vizinhanças de Qunram.

Prometeu que libertaria o escolhido pela vontade soberana das urnas – que eram de boca e ao vivo.

Estupefacto, o procurador romano ouviu o que não esperava: "Non hunc, sed Barabbam!" ("Não este, mas Barrabás!") Foi aí que Pilatos lavou as mãos. Não era mais com ele.

Sabemos como tudo terminou: Jesus seguiu para o Calvário, Barrabás deu no pé e nunca mais se soube dele. Ficou sendo, apesar de tudo, o primeiro a ser salvo, literalmente, pelo Salvador.

Costumo invocar situações-limite para tentar definir o que penso. O Brasil tem alguma coisa a ver com aquele trapo de homem coberto de sangue, flagelado e coroado de espinhos. Nem o FMI nem o G-7 dariam um centavo por ele. Resta saber para onde o Barrabás fugirá quando chegar a hora[6].

Cony não manifesta explicitamente seu pessimismo pela reeleição de Fernando Henrique. A argumentação pela analogia, referindo-se à opção dos israelitas por Barrabás, se encarrega disso. Fica subentendido que o povo brasileiro escolheu o pior.

A argumentação pela analogia não precisa ser longa. Às vezes, em uma frase é possível sintetizá-la, como fez Ibn Al-Mukafa[7] que, para convencer as pessoas a não ajudarem pessoas ingratas, diz que *"Quem põe seus esforços a serviço dos ingratos age como quem lança a semente à terra estéril, ou dá conselhos a um morto, ou fala em voz baixa a um surdo"*.

6. *Folha de S. Paulo*, 6.10.1998, p. 1-2.
7. Ibn Al-Mukafa, *Calila e Dimna*, trad. de Mansour Challita, Rio de Janeiro, Record, s.d., p. 33.

Dando Visibilidade aos Argumentos –
Os Recursos de Presença

No texto abaixo, o jornalista Alasdair Palmer, comentando um livro do economista Paul Ormerod, consegue dar maior visibilidade à tese de adesão inicial de que não existe livre mercado competitivo, da seguinte maneira:

Carlos II, um dos homens mais perspicazes que já governaram a Inglaterra, tinha grande interesse pela ciência. Certa vez ele convocou os membros da recém-criada Real Sociedade e lhes pediu para explicar por que um peixe morto pesava mais que um vivo. Os cientistas reunidos apresentaram várias teorias engenhosas e plausíveis. Então Carlos II informou que o peixe morto não pesava mais. Os cientistas não acharam graça, mas o rei se divertiu.

Em *The Death of Economics* (editora Faber, 230 páginas), o destacado economista Paul Ormerod argumenta que a economia se parece muito com o problema do peixe morto: consiste em elaborar uma estrutura teórica com base num pressuposto totalmente falso. Infelizmente, dada a falta de alguém com o bom senso de Carlos II, os economistas continuaram burilando suas explicações sobre o fenômeno não existente, até este chegar ao ponto em que milhares de pessoas, com elevada inteligência e sofisticação matemática, se empenham num exercício semelhante ao que é demonstrar por que um peixe morto pesa mais que um vivo.

Na opinião de Ormerod, a hipótese do "peixe morto" dos economistas é o livre mercado perfeitamente competitivo[1].

1. Alasdair Palmer, trad. para o *Jornal da Tarde*, 1996.

Essa história, mostrando que existe algo de ridículo no comportamento dos economistas que confiam cegamente nas regras de mercado, exerce uma função chamada de RECURSO DE PRESENÇA. Recursos de presença são, pois, procedimentos que têm por objetivo ilustrar a tese que queremos defender.

Numa venda, a demonstração do produto, o *test drive* funcionam como recursos de presença. As grandes obras viárias, como pontes e viadutos, têm a mesma função: dar visibilidade ao trabalho dos governantes e políticos. E, já que falamos em políticos, quando o ex-presidente Jânio Quadros disputava a prefeitura de São Paulo, em 1985, declarava seguidamente que era um homem pobre, que a pensão que recebia como ex-presidente não chegava a ser suficiente para pagar as despesas de manutenção de sua casa em São Paulo. Uma tarde, depois de uma gravação de TV, ele foi cercado por uns dez jornalistas, empunhando seus microfones. Um deles, então, lhe perguntou:

– Presidente [os ex-presidentes são sempre tratados como presidentes], o senhor afirma que não tem dinheiro, que sua pensão mal dá para manter sua casa. Como o senhor explica que somente no primeiro semestre deste ano foi duas vezes à Europa?

Diante da pergunta, Jânio se mostrou perturbado e começou a apalpar os bolsos, à procura de um cigarro. Imediatamente, oito repórteres socorreram o ex-presidente, oferecendo-lhe cigarros de seus próprios maços. Jânio escolheu um deles, pôs na boca e continuou a apalpar os bolsos, procurando fósforos. Imediatamente, três repórteres ofereceram a ele seus isqueiros acesos e Jânio pôde, enfim, escolhendo um isqueiro, acender seu cigarro. Feito isso, tirou uma baforada e, em seguida, disse aos repórteres:

– Vejam vocês, eu apenas fiz menção de que precisava de um cigarro. Nem cheguei a dizer nada e, logo em seguida, tive de escolher entre oito ofertas de vocês. Logo depois, fiz também menção de que precisava de fogo. Também não disse nada e, imediatamente, pude escolher entre três ofertas de fogo. Olhem, eu tenho muitos amigos. Basta dizer a eles que eu preciso ir à Europa e tenho de escolher de quem vou aceitar os recursos para a viagem.

Os repórteres sorriram e foram embora, sem incomodar mais o candidato. Jânio Quadros representou uma pequena cena de teatro, criando um recurso de presença para fundamentar sua tese de adesão inicial, e o expediente funcionou. Se ele apenas tivesse dito que recebia as passagens de amigos, o efeito não teria sido o mesmo.

O melhor recurso de presença, entretanto, são as histórias. Desde crianças, estamos acostumados a ouvi-las: contos de fada, fábulas, histórias de aventuras e mistério, histórias de amor. Para ouvir e ver histórias, vamos ao cinema, alugamos filmes. As histórias são didáticas, como as fábulas. O próprio Cristo utilizava as parábolas como recurso de presença para as lições do Evangelho. Para defender a tese de que a vida não é medida pela força de uns e a fraqueza de outros, mas pela sagacidade, habilidade e saber, um filósofo famoso[2], autor de um livro intitulado *Calila e Dimna,* nos conta a seguinte história:

Um corvo tinha seu ninho sobre uma árvore numa montanha. Próximo a essa árvore, ficava a cova de uma cascavel. Sempre que o corvo tinha filhotes, a cascavel subia até a árvore e os comia. Desesperado, contou seu problema a um chacal, seu amigo. Aconselhou-lhe então o chacal que saísse voando e procurasse em alguma casa uma jóia preciosa de alguma mulher e, encontrando-a, tomasse-a no bico e, voando e pousando alternadamente, se deixasse perseguir pelas pessoas, e jogasse a jóia dentro da cova da cascavel. O corvo voou e furtou um colar dos aposentos de uma mulher que se banhava. Em seguida, fez como o chacal lhe indicara: voou e pousou até jogar o colar na cova da serpente. Para recuperar o colar, seus perseguidores mataram a cascavel.

Um argumento ilustrado por um recurso de presença tem efeito redobrado sobre o auditório. Procure sempre agregar histórias aos seus argumentos. Eles ficarão infinitamente mais sedutores.

2. Ibn Al-Mukafa, *Calila e Dimna,* trad. de Mansour Challita, Rio de Janeiro, Record, s.d., pp. 22-23.

Persuadindo as Pessoas

Vimos, há pouco, que persuadir é conseguir que as pessoas façam alguma coisa que queremos. Vimos, também, que isso só se torna possível, quando conseguimos gerenciar de maneira positiva nosso relacionamento com o outro. E como se faz isso? Procurando saber, em primeiro lugar, O QUE O OUTRO TEM A GANHAR, fazendo o que queremos. Trata-se de uma tarefa um pouco difícil, de início, pois, na sociedade em que vivemos, o senso comum nos diz que o importante é ver sempre o que nós temos a ganhar, mesmo em prejuízo do outro.

Aquilo que queremos, portanto, deve ficar em segundo plano. Somente quando tivermos certeza de que o outro ganha, é que devemos nos preocupar com aquilo que desejamos. Às vezes isso também é perfeitamente dispensável. O que temos a ganhar, quando conseguimos persuadir um filho a estudar ou consolar um amigo por uma perda, senão a satisfação de ter conseguido esses objetivos? Realizamos isso pelo bem último do nosso próprio ser interior, o divino que habita em nós, essa parte que busca sempre ir mais além daquilo que nos prende a esta Terra, que se alegra em doar e nisso obtém sua felicidade.

A primeira lição de persuasão que temos a aprender, então, é educar nossa sensibilidade para os valores do outro. Se não formos capazes de saber quais são esses valores, de nos tornarmos sensíveis a eles, seremos incapazes de persuadir. É preciso, contudo, que se trate de valores éticos. Diante de membros da Ku Klux Klan, seria persuasivo fazer coro com seus desejos de eliminar os negros. Mas seria ético? Diante de neonazistas, seria persuasivo concordar com seus desejos de eliminar os judeus. Mas seria ético?

EMOÇÕES E VALORES

A voz do senso comum diz que o homem é um ser racional. Pesquisas recentes têm demonstrado que isso não é verdade! Nós somos seres principalmente emocionais! O que há de racional, quando seres humanos da mesma fé são capazes de se matar por diferenças milimétricas? As cruzadas, por exemplo, foram criadas para defender o cristianismo, mas, em 1204, a quarta cruzada atacou a cidade cristã de Constantinopla, matando milhares de pessoas, somente porque se tratava de cristãos ortodoxos! O que há de racional, nos dias de hoje, quando alguém prefere viajar mil quilômetros em perigosas rodovias, apenas porque tem medo de avião? É por isso que vem ganhando cada vez mais destaque entre nós o conceito de INTELIGÊNCIA EMOCIONAL[1].

Alegria, tristeza, raiva, medo e amor são nossas cores emocionais básicas. Se as misturarmos, teremos outras emoções mais complexas. Se misturarmos amor e tristeza, teremos saudade; amor e raiva, mágoa; amor e medo, ciúme. O ciúme é uma emoção tão comple-

---

1. Sobre esse assunto, recomendo a leitura do livro de autoria de Wanderley Pires, *Dos Reflexos à Reflexão.*

xa, que nela se misturam às vezes amor, medo, tristeza e raiva.

Raiva, medo e tristeza são emoções *disfóricas*. Amor
e alegria, *eufóricas*. Nossos valores estão ligados às *emoções eufóricas*. Afinal, ninguém planeja uma viagem de
férias, para sentir-se triste ou ficar com raiva. Aliás, o
homem é o único animal que planeja o futuro. Há
quem diga que ele faz isso somente com a razão, mas
é mentira! Os homens planejam o futuro sobretudo
com suas emoções. A maior parte delas eufóricas, mas,
de vez em quando, aparece também o medo, emoção
disfórica, e aí nos recolhemos, nos arriscamos pouco
e resistimos a mudanças. Quase sempre sentimos mais
medo do desconhecido, do novo, do que dos sofri-
mentos a que já estamos habituados. Por esse motivo,
diante do novo, preferimos quase sempre a repetição
do velho.

Consultando o arquivo das nossas emoções eufóricas, constatamos a existência de valores ligados ao ÚTIL
e valores ligados aos SENSÍVEL, ou à fruição, como dizia
Santo Agostinho. Dinheiro, automóvel, comida são valores ligados ao útil. Torcer por um time de futebol,
ouvir música, fazer turismo, possuir jóias ou automóveis
sofisticados são valores ligados ao sensível.

Gastamos dinheiro comprando bens materiais, usamos automóveis para viajar, comemos para manter nosso
organismo vivo e trabalhando. Mas, o que fazemos com
uma sonata de Beethoven? Não podemos comer uma sonata de Beethoven. Podemos apenas ouvi-la. Por isso a
música é um bem sensível. Às vezes, um bem pode ser

ao mesmo tempo útil e sensível. Um relógio barato que marque as horas com correção é apenas um bem útil. Um Rolex, entretanto, é, além de um bem útil, um bem sensível. Um almoço frugal é um bem útil. Uma ceia sofisticada, regada a vinhos importados, é um bem sensível.

Os valores podem ser concretos, como os citados, ou abstratos, como justiça, amizade e honestidade. Esses últimos são valores ao mesmo tempo sensíveis e úteis. Meu pai me dizia, por exemplo, que, se os velhacos soubessem, seriam *honestos por velhacaria!*

Um outro dado fundamental é que os mesmos valores não são impostos a todo mundo. Eles estão ligados à multiplicidade de grupos e de emoções. Aquele que quer persuadir deve saber previamente quais são os verdadeiros valores de seu interlocutor ou do grupo que constitui o seu auditório.

O escritor português Ferreira de Castro, em um de seus principais romances, intitulado *A Selva*, conta a história dos seringueiros que eram praticamente escravizados pelos donos dos seringais, na Amazônia do começo do século. O salário pago pelo patrão tinha de ser consumido em seu próprio armazém e, como o recebido era sempre inferior àquilo que precisavam para a subsistência mensal, ficavam sempre devendo e, portanto, não podiam abandonar o trabalho. O protagonista, o próprio Ferreira de Castro que viveu de verdade essa aventura no Brasil, conseguiu safar-se dessa armadilha, fazendo amizade com o dono do seringal e o "gancho emocional" para isso foi o fato de que o dono era "viciado" em palavras cruzadas, mas possuía limitada cultura para resolvê-las. Castro, intelectual que era, soube aproveitar o valor sensível das palavras cruzadas para seu patrão e, ajudando-o a resolvê-las, acabou conseguindo sua alforria, voltou a Portugal e se tornou um escritor famoso.

As Hierarquias de Valores

Os valores de uma pessoa não têm, obviamente, todos eles a mesma importância. Tanto isso é verdade, que a expressão HIERARQUIA DE VALORES é largamente utilizada. Podemos afirmar que, num processo persuasivo, a maneira como o auditório hierarquiza os seus valores chega a ser, às vezes, até mais importante do que os próprios valores em si. Na verdade, o que caracteriza um auditório não são os valores que ele admite, mas como ele os hierarquiza. De fato, se dois grupos de pessoas possuem os mesmos valores, mas em escalas diferentes, acabam por configurar dois grupos diferentes. As hierarquias de valores variam de pessoa para pessoa, em função da cultura, das ideologias e da própria história pessoal. É conhecido o provérbio que diz que *não se deve falar em corda na casa de um enforcado.*

A exploração das hierarquias é um campo extraordinário. Em um processo persuasivo, é mortal rejeitar um valor do auditório. Imagine alguém, diante de uma assembléia de corinthianos, dizer que o Corinthians não tem condições de ganhar o campeonato! Imagine alguém dentro de um convento de freiras, dizer que a castidade é uma tolice! O que o enunciador pode fazer, diante de uma situação que envolva algo contrário a um valor do auditório, é analisar esse valor e subordiná-lo a outros do próprio auditório, ou seja, RE-HIERARQUIZÁ-LOS.

Frank Bettger, autor de um *best seller* intitulado *Do Fracasso ao Sucesso na Arte de Vender*, nos dá um interessante exemplo de re-hierarquização de valores. Diz ele que, durante um processo de venda, muitas vezes o comprador oferece um argumento para não comprar, que não corresponde à verdade, o que coloca um dilema ao vendedor. Se ele aceita o argumento, perde a venda. Se ele "bate de frente" com esse argumento, o resultado é o mesmo. Aconselha ele, então, a que o vendedor faça uma "pergunta mágica": – *E além disso?* Trata-se do início de um processo de re-hierarquização de valores. Um vendedor de anúncios nas páginas amarelas das listas telefônicas contou que, em visita a um cliente, dono de uma firma de informática, convenceu-o das vantagens de ter sua empresa figurando na lista. Apesar de convencido, o cliente disse a ele:

– Tudo bem, eu concordo, mas nós vamos mudar no próximo semestre e aí muda o endereço, o telefone e, se eu fizer o anúncio agora, vou jogar fora o meu dinheiro.

O vendedor sabia, de antemão, que a sede da empresa era própria e que o argumento era, portanto, falso. Sua intuição é de que devia haver algum valor oculto que ele não sabia qual era e que estava impedindo a finalização do processo persuasivo, o fechamento do negócio. Nesse momento fez então a pergunta:

– Mas e além disso? Haveria alguma outra razão para que você não fizesse o anúncio?

Veja que o vendedor não tentou desmascarar o comprador. Tentou apenas extrair dele outras informações, outros valores com os quais pudesse trabalhar. Como resposta, o cliente lhe disse:

– Além disso . . . o seu preço está um pouco caro e o nosso caixa este mês está baixo . . .

Nesse momento, o vendedor teve acesso a um valor anteriormente oculto. Disse ele então o seguinte:

– Bem, nós estamos com uma promoção de 25 % de desconto este mês, com parcelamento em três vezes. Se quiser, eu posso jogar a primeira parcela para o próximo mês.

Diante disso, o cliente disse que não tinha bem certeza de que ia haver a alegada mudança e fechou o negócio, assinando a proposta de compra.

Mas, como descobrir a hierarquia de valores do outro? Pela intensidade de adesão a eles. A intensidade de adesão a valores diferentes sinaliza uma escolha hierárquica. Se perguntarmos, por exemplo, a uma garota como idealiza o homem com quem gostaria de se casar, ela nos citará valores como beleza, riqueza, cultura, fidelidade etc. Se perguntarmos a ela se preferiria casar-se com um homem extremamente belo e rico, mas infiel ou com um menos rico e bonito, mas extremamente fiel e sua adesão à segunda opção for maior, teremos aí uma hierarquia estabelecida.

Fatores culturais, históricos e ideológicos influem na elaboração dos valores e hierarquias. A Idade Média foi uma época da civilização caracterizada pelo teocentrismo, enquanto que o Renascimento foi uma época caracterizada pelo antropocentrismo. Na primeira, o valor hierarquicamente dominante era Deus; na segunda, o homem.

Alterando a Hierarquia de Valores –
Os Lugares da Argumentação

Para re-hierarquizar os valores do nosso auditório, podemos utilizar algumas técnicas conhecidas desde a Antiguidade e que recebiam o nome de LUGARES DA ARGUMENTAÇÃO. São premissas de ordem geral utilizadas para reforçar a adesão a determinados valores. O nome LUGARES era utilizado pelos gregos, para denominar locais virtuais facilmente acessíveis, onde o orador pudesse ter argumentos à disposição, em momento de necessidade. São os seguintes os lugares da argumentação:

1. lugar de quantidade
2. lugar de qualidade
3. lugar de ordem
4. lugar de essência
5. lugar de pessoa
6. lugar do existente

Lugar de Quantidade

No lugar de quantidade, se afirma que qualquer coisa vale mais que outra em função de razões quantitativas. Segundo o lugar de quantidade, um bem que serve a um número muito grande de pessoas tem mais valor do que um bem que serve apenas a um pequeno grupo. Um bem mais durável é superior a um bem menos durável e assim por diante. É no lugar de quantidade que encontramos alguns dos fundamentos da democracia: ganha uma eleição aquele que tiver maior quantidade de votos; uma lei, para ser aprovada no Congresso, tem de receber maioria de votos.

Um dos traços mais característicos do lugar de quantidade é a utilização de números e estatísticas. Para colocar em destaque o despreparo dos brasileiros para conduzir automóveis, tornou-se comum, por exemplo, dizer que no Brasil ocorrem, a cada ano, 50 000 mortes por acidentes de trânsito, ou seja, 136 mortes por dia, ou ainda, 6 mortes por hora. No trecho abaixo, de autoria do jornalista Gilberto Dimenstein, podemos ver o uso do lugar de quantidade.

39 VÍTIMAS POR HORA

Um documento elaborado pelo Ministério da Saúde mostra como as discussões nacionais estão longe dos traumas que ocorrem nos subterrâneos de nossa sociedade. Segundo estatísticas oficiais, foram registradas, no ano passado, 391 911 internações hospitalares de vítimas de abortos – 950 mulheres por dia. São 39 por hora. E qual a reação do país? Um estúpido e criminoso silêncio.

É alto, altíssimo até, o preço que se paga pela falta de coragem de se enfrentar um problema. Vivemos uma situação terrível: não temos um projeto de planejamento familiar, o que em si, já é crime. E um dos resultados – apenas um – são as 39 internações por hora[1].

1. *Folha de São Paulo*, 14.11.1992, p. 2.

John Kenneth Galbraith, em seu livro *A Era da Incerteza*, num trecho em que quer demonstrar a solidez da aliança dos capitalistas com as classes governantes, para fazer a guerra na primeira metade deste século, utiliza também um lugar de quantidade. Vejamos o trecho:

> A guerra no Ocidente estava mostrando não a fraqueza da coalizão dos capitalistas com as tradicionais classes governantes em seu poder de comandar as massas; estava mostrando sua quase inacreditável solidez. Estava demonstrando que ela podia enviar milhões à morte com nada mais que um simples murmúrio, e geralmente com entusiasmo.
>
> No Dia D, em 1944, o grande dia decisivo para a guerra no Ocidente, 2 941 soldados americanos, ingleses e canadenses foram mortos. No dia 1º de julho de 1916, primeiro dia da Batalha do Somme – apenas um único dia de uma única batalha – 19 240 soldados ingleses foram mortos ou morreram em conseqüência de ferimentos. Para libertar a França em 1944, os exércitos aliados perderam nada menos que 40 mil homens. Para avançar menos de seis milhas no rio Somme, em 1916, ingleses e franceses perderam 145 000 homens. A Batalha do Somme foi, em parte, para aliviar a pressão sobre Verdun – um ponto disputado. Em Verdum, no mesmo ano, um total de 270 000 soldados franceses e alemães foram mortos[2].

Na seguinte poesia oriental, retirada por Challita[3] de uma coletânea intitulada *O Pavilhão dos Prazeres Proibidos*, o poeta utiliza o lugar de quantidade para convencer um homem a esquecer uma mulher que o tinha abandonado:

2. J. K. Galbraith, *A Era da Incerteza*, 2ª ed., São Paulo, Pioneira, pp.145-146.
3. M. Challita, *Os Mais Belos Pensamentos de Todos os Tempos*, 4ª ed., Rio de Janeiro, ACIGI, s.d., p. 360.

GRÃOS DE ARROZ

Que faz o pássaro quando o grão de arroz que se
preparava para bicar é removido pelo
vento da borda da janela?
Põe-se a procurar outro grão, pois os celeiros estão cheios.
Deixa, pois, meu amigo, de te preocupar e
sobrecarregar a testa. Não são as mulheres quase
tão numerosas quanto o são os grãos de arroz?

LUGAR DE QUALIDADE

O lugar de qualidade se contrapõe ao lugar de quantidade, pois contesta a virtude do número. Valoriza o único, o raro. O exemplo clássico do lugar de qualidade é o de um animal de estimação. Um cão é, de um ponto de vista geral, apenas mais um exemplar da sua espécie, mas, para a criança a quem pertence, é um exemplar único. Sob a óptica desse lugar, tudo aquilo que é ameaçado ganha valor iminente. Podem ser as baleias, o urso panda ou o mico-leão-dourado.

Por que é que um original de Picasso alcança milhares de dólares em um leilão, se podemos ter uma cópia idêntica em casa, por três dólares? Pelo lugar de qualidade. Aquele quadro é o único que foi pintado diretamente por Picasso. Um outro exemplo é a teoria do *carpe diem* (aproveite o dia). Essa teoria utiliza o lugar de qualidade, dizendo que a vida é uma só, a juventude é uma só e que, por isso, devemos aproveitar o momento. Os poetas do Renascimento costumavam utilizar esse lugar de qualidade, construindo poemas que convidavam a mulher amada à prática do amor. Argumentavam que ela deveria aproveitar o frescor da mocidade para amar, porque esse momento era único, antes da velhice inevitável. Os seguintes versos do poeta renascentista francês Ronsard são um belo exemplo desse procedimento:

> Pequena, vamos ver se a rosa
> que esta manhã abriu
> seu vestido de púrpura, ao sol,
> não perdeu esta tarde
> as dobras de seu vestido vermelho
> e sua tez igual à sua.

Outros exemplos de lugar de qualidade podem ser encontrados no provérbio de Confúcio, *Mais vale acender uma vela do que maldizer a escuridão*, ou na frase de Sêneca: *Ninguém ama sua pátria porque ela é grande, mas porque é sua*. No primeiro caso, uma vela se opõe a "quantidade" da escuridão, no segundo, o fato de alguém ter apenas uma única pátria assume um valor maior do que a quantidade do seu território.

Em alguns períodos da História Ocidental, os lugares de quantidade predominam sobre os lugares de qualidade; em outros, acontece o contrário. No chamado Classicismo, por exemplo, predominou o lugar de quantidade do universalismo. Já no Romantismo, predominou o lugar de qualidade do individualismo. No Classicismo, os poetas cantavam o amor geralmente de modo universal, como faz Camões em seu famoso soneto:

Amor é fogo que arde sem se ver;
É ferida que dói e não se sente;
É um contentamento descontente;
É dor que desatina sem doer.

Já os românticos procuravam falar do próprio amor individual e subjetivo, como no seguinte trecho do *Werther* de Goethe:

Não, eu não me engano! Li nos seus olhos negros um verdadeiro interesse por mim e pela minha sorte. Sim, eu sinto que meu coração pode crer que ela. . . Ousarei, poderei pronunciar estas palavras que resumem o paraíso?. . . Eu sinto que ela me ama! (p. 322).

LUGAR DE ORDEM

O lugar de ordem afirma a superioridade do anterior sobre o posterior, das causas sobre os efeitos, dos princípios sobre as finalidades etc. Uma conhecida marca de cerveja no Brasil utilizava em suas peças publicitárias o *slogan: a primeira cerveja brasileira em lata.* Com tantas marcas de cerveja no mercado, de igual qualidade, o lugar de ordem aparece como um elemento hierarquizador. É como se o consumidor entendesse *a melhor cerveja brasileira em lata.* Havia uma outra cerveja que se intitulava *a número 1.* Nessa mesma linha, foi feita também certa vez a propaganda de uma peça íntima feminina: *O primeiro sutiã a gente nunca esquece!*

As grandes invenções da humanidade também são valorizadas pelo lugar de ordem. Quem será mesmo que inventou o avião? Santos Dumont ou os irmãos Wrigth? E a fotografia? Daguerre ou Hércules Florence? O lugar de ordem é o fundamento das competições. O *podium*, tanto das corridas de fórmula 1, quanto dos jogos olímpicos, apresenta o primeiro lugar em nível superior ao segundo e ao terceiro, e o segundo lugar à direita do primeiro, considerada uma posição hierarquicamente superior à esquerda, onde se situa o terceiro lugar. As medalhas distribuídas aos vencedores refletem essa ordem: primeiro lugar, ouro; segundo lugar, prata; e terceiro lugar, bronze.

Vejamos o poema oriental abaixo, de autoria de Ilia Abu-Madi[4], em que um jovem argumenta com sua amada, utilizando o lugar de ordem e também o de qualidade:

CONVITE

Vem. Bebe comigo este vinho que cintila como um diamante, e mais ainda.
E demos de beber ao narciso falador, pois, ébrio, não nos reconhecerá, nem verá o que faremos, e amanhã nada poderá contar sobre nós . . .
Vem. Desfrutemos os prazeres enquanto houver prazeres e antes que a vida nos prive do desejo. Se a aurora não nos acordar, nada nos acordará: nem riquezas, nem saber.

Vem. Libertemos nossas almas dos preconceitos. Vê a flor espalhar seu perfume no vale, ouve o pássaro no espaço cantar sua canção. Quem repreendeu a flor? Quem condenou o pássaro?

4. *Apud* Challita, *op.cit.*, p. 353.

Quantas vezes obedecemos aos homens e desobedecemos ao
criador dos homens!
Deus quis que amemos quando criou o amor, e depositou a
paixão em ti quando a depositou em mim. Sua vontade é
sempre justificada.
Que culpa, pois, tens se amas? Que culpa tenho se amo?

Deixa os censores e os moralistas repetirem suas mentiras e
tolices.
Pode o córrego cantar, e a flor, perfumar, e os pássaros, se
acasalar, e não pode o coração – ele que é o coração –
embriagar-se e amar?

Nesse texto, há um momento em que o poeta utiliza um lugar de qualidade, o do *carpe diem*, quando diz
*"Desfrutemos os prazeres enquanto houver prazeres e antes que
a vida nos prive do desejo"*. Quer ele dizer que a juventude, o momento dos prazeres, é única. A arquitetura
argumentativa do poema é construída, entretanto, principalmente dentro do lugar de ordem. O poeta situa
hierarquicamente Deus, os homens e os elementos da
natureza (pássaros e flores). A tese defendida é a de que
os homens, censores e moralistas, podem ser desobede-
cidos em caso de paixão, pois Deus, situado acima dos
homens, permite até mesmo que os pássaros (inferiores
aos homens) se acasalem, cantem e sejam felizes.
Um outro texto que exemplifica o lugar de ordem é a seguinte letra de Chico Buarque de Holanda:

SOBRE TODAS AS COISAS
Pelo amor de Deus,
não vê que isso é pecado

desprezar quem lhe quer bem.
Não vê que Deus até fica zangado,
vendo alguém
abandonado pelo amor de Deus.
Ao nosso Senhor
pergunte se ele produziu nas trevas
o esplendor
se tudo foi criado
o macho, a fêmea
o bicho, a flor
criado para adorar o Criador

E se o Criador inventou a
criatura por favor
se do barro fez alguém
com tanto amor
para amar Nosso Senhor?
Não. Nosso Senhor
não há de ter lançado
em um movimento
Terra e céu
estrelas percorrendo o firmamento
em carrossel
para circular em torno ao Criador.
Ou será que o Deus que criou
nosso desejo
é tão cruel. Mostra os vales
onde jorra o leite e o mel
e estes vales são de Deus.
Pelo amor de Deus,
não vê que isso é pecado
desprezar quem lhe quer bem.
Não vê que Deus até fica zangado
vendo alguém
abandonado pelo amor de Deus?

LUGAR DE ESSÊNCIA

O lugar de essência valoriza indivíduos como representantes bem caracterizados de uma essência. É a justificativa dos concursos de *miss*. Para ser eleita, a candidata precisa apenas estar o mais próximo possível daquilo que um júri, em determinado tempo e local, considere a essência de uma mulher bonita. Os chamados vultos históricos também são valorizados pelos lugares de essência. Admiramos Rui Barbosa, como representante da essência daquilo que seria um jurista; Duque de Caxias, como representante da essência daquilo que seria um militar, e assim por diante. Os galãs e as "estrelas" de cinema também são valorizados pelo lugar da essência. Eles são os representantes da essência daquilo que seria um homem capaz de conquistar todas as mulheres e daquilo que seria uma mulher capaz de conquistar todos os homens.

A mesma coisa acontece com objetos de marcas famosas, verdadeiros ícones da sociedade de consumo. Quando alguém pensa em um bom automóvel, o lugar de essência traz à sua mente marcas como Mercedez, BMW, Ferrari, Jaguar. Quando alguém pensa em um bom relógio, o lugar de essência sugere marcas como Rolex, Patek Philippe, Ômega.

LUGAR DE PESSOA

O lugar de pessoa afirma a superioridade daquilo que está ligado às pessoas. *Primeiro as pessoas, depois as coisas!* é o *slogan* que materializa esse lugar. Quando um candidato a governador diz, por exemplo, que, se for eleito, construirá trinta escolas, seu opositor dirá, utilizando o lugar de pessoa, que não construirá escolas. Procurará, isto sim, dar condições mais humanas ao trabalho do professor, melhores salários, programas de reciclagem etc. Dará preferência ao homem, não aos tijolos. O seguinte trecho, de autoria de José Sarney, utiliza o lugar de pessoa:

> A democracia brasileira está marchando para ser a liberdade do mercado, do deus mercado, erigido como senhor da guerra e da paz, o mágico sistema que pode resolver tudo. O mercado não resolve os problemas da fome, das doenças, da segurança. Não vejo senão como uma ficção desonesta que a solução para o bem-estar seja um Estado mínimo e uma sociedade economicamente permissiva.
> Condeno o Estado, polvo de mil tentáculos, invadindo os setores privados. Mas tem de ser forte para harmonizar conflitos, proteger os mais fracos, tornar efetiva a livre concorrência e, sobretudo, ser gestor de uma aparato que aprofunde a democracia, voltado para coibir as injustiças. É da soberania divina que "o homem não foi feito para o Sábado, e sim o Sábado para o homem". [. . .] O mercado, considerado sob o ponto de vista dogmático e sagrado, leva ao desemprego estrutural, ao desemprego conjuntural. O homem fica transformado num insumo que pode ser desagregado do conjunto da produção. Desempregar para diminuir custos, como se pudéssemos abstrair do desempregado todas as conseqüências humanas de sua condição[5].

5. José Sarney, "O Homem e o Sábado", *Folha de S. Paulo*, 12.9.1997, p. 1-2.

LUGAR DO EXISTENTE

O lugar do existente dá preferência àquilo que já existe, em detrimento daquilo que não existe. Quando o namorado de uma garota diz que no ano seguinte arrumará um novo emprego e que, então, terá condições de financiar um excelente apartamento para poderem se casar, a garota diz, utilizando o lugar do existente: – *Não me interessa o que você terá condições de fazer se conseguir um novo emprego! – Quero saber que tipo de apartamento você é capaz de alugar agora, com o que você tem, para podermos nos casar em seis meses.* O emprego que já existe é hierarquizado acima do emprego que ainda não existe.

AFINAL DE CONTAS, O QUE É ARGUMENTAR?

Argumentar, como vimos, não é tentar provar o tempo todo que temos razão, impondo nossa vontade. Aqueles que agem assim não passam de pessoas irritantes e quase sempre mal-educadas. Argumentar é, em primeiro lugar, convencer, ou seja, vencer junto com o outro, caminhando ao seu lado, utilizando, com ética, as técnicas argumentativas, para remover os obstáculos que impedem o consenso.

Argumentar é também saber persuadir, preocupar-se em ver o outro por inteiro, ouvi-lo, entender suas necessidades, sensibilizar-se com seus sonhos e emoções. A maior parte das pessoas, neste mundo, só é capaz de pensar em si mesma. Por isso, o indivíduo que procura pensar no outro, investir em sua auto-estima, praticamente não enfrenta concorrência. Argumentar é motivar o outro a fazer o que queremos, mas deixando que ele faça isso com autonomia, sabendo que suas ações são frutos de sua própria escolha. Afinal, as pessoas não são máquinas esperando ser programadas. Persuadir é ter certeza de que o outro também ganha com aquilo que ganhamos. É saber falar menos de si e do que se quer, e mais do outro e do que é importante para ele.

Argumentar é também saber dosar, "na medida certa", o trabalho com idéias e emoções. A "medida certa" é gastar mais tempo em persuadir do que em convencer. Uma boa proporção é utilizar trinta por cento do tempo convencendo e setenta por cento persuadindo. Certa vez, presenciei uma cena interessante no salão de vendas de uma concessionária de veículos. Um jovem vendedor atende um cliente interessado em um carro de luxo. Abre a porta do veículo e lhe pede que veja os comandos, o computador de bordo, o ar condicionado eletrônico. A seguir, destrava o capô, para mostrar-lhe o motor. Ao dar a volta em torno do carro, porém, o cliente lança um olhar sobre uma das rodas dianteiras do automóvel e comenta:

– Que roda mais feia! Como é que uma fábrica que produz um carro desse padrão coloca umas rodas tão vagabundas?

O vendedor sorri encabulado, levanta o capô e chama a atenção para o sistema de injeção eletrônica, para o comando do motor. Ao dar a segunda volta em torno do automóvel, o cliente repete o comentário:

– Mas que roda mais feia que colocaram nesse carro!

Nesse momento, toca um telefone e o chefe de vendas chama o vendedor para atender, ficando, ele próprio, à disposição do cliente.

– E então?, pergunta. Está gostando do carro?
– O carro é ótimo, mas essas rodas matam o carro!
– São tão feias assim?
– São horríveis!

Ato contínuo, o chefe de vendas conduz o cliente até uma parte da loja onde reluziam várias rodas, dentro de um mostruário. Ficam uns bons quinze minutos conversando sobre os vários modelos, discutindo resistência, beleza, leveza. O cliente dá sua opinião final sobre um conjunto delas.

– Essas sim, são rodas para um carro daqueles! – afirma.
– Bem, caso você resolva levar o carro, coloco essas rodas nele como cortesia. – diz o chefe de vendas.
– No duro?! Então eu levo o carro!

Minutos depois, a nota fiscal está sendo feita e o cliente, já preenchendo o cheque, toma o cuidado de dizer:

– Olhe, não se esqueça de colocar aí na nota que é pra trocar as rodas!
– Não se preocupe! Já anotei – responde o chefe de vendas.

O que esse vendedor experiente desejava era fechar o negócio e ganhar uma comissão, mas deixou isso de lado e se preocupou unicamente com os valores do cliente, dando asas aos sonhos dele sobre a estética das rodas. Percebeu que ele desejava comprar quatro magníficas rodas com um carro em cima delas e realizou, então, o seu desejo. Se tivesse insistido em mostrar-lhe outras vantagens do carro ou levado a conversa para preços e descontos, certamente perderia o negócio.

Um outro campo em que precisamos nos tornar persuasivos é o da educação. Reclamamos que nossos filhos não estudam, mas, quando queremos que estudem, começamos a controlá-los fazendo valer nossas razões, nossos pontos de vista de adultos. É interessante observar como uma criança, mantendo sua autonomia, motivada por seus valores, é capaz de disciplinar-se e ficar horas tentando montar um jogo ou disputando uma partida de futebol. É claro que precisamos agregar outros valores ao universo das crianças, mas sem destruir os que elas já possuem. Dizer a um garoto que pare de jogar bola e pegue um livro para ler é totalmente improdutivo. O que se deve fazer é, respeitando seu desejo pelo esporte, criar nele o desejo de ler histórias. Que tal pegar um livro como *Moby Dick* ou *Robison Crusoé* e ler para o garoto, antes de dormir? Garanto que, no dia seguinte, ele próprio estará motivado a continuar a leitura por si próprio, disciplinando-se com autonomia, da mesma maneira como faz, quando quer montar um jogo de Lego.

As escolas precisam também ser mudadas. A maioria delas funciona como uma espécie de prisão. As crianças têm de obedecer a uma série de ordens, decorar inutilidades sem sentido e não podem conversar entre si, especialmente durante as provas. Mais tarde, quando forem adultas, serão solicitadas, nas empresas, a trabalhar em equipe. Os professores são controladores de presença, de disciplina, de memorização de informações que raramente são transformadas em conhecimento.

Depois de terminado o curso colegial, os alunos, já adolescentes, matriculam-se em um cursinho pré-vestibular e, estranhamente, começam a achar o ensino interessante, os professores sensatos e a disciplina, neces-

sária. O que mudou? Mudou a atitude dos professores. No cursinho, eles não estão controlando os alunos.
Colocam-se ao lado deles, para ajudá-los naquilo que
é o objeto de desejo deles: passar no vestibular. Infelizmente, depois do vestibular, a Universidade repete
os mesmos erros do curso colegial, com raríssimas ex-
ceções.

É preciso, no campo da Educação, que professores, diretores e orientadores aprendam a persuadir os
alunos a manter a disciplina necessária para o estudo,
dando a eles um ensino saboroso, interessante, ensi-
nando-os não a armazenar informações mecanicamen-
te, mas a transformá-las em conhecimento, da mesma
maneira como os tijolos podem ser transformados em
construções. Mas, para isso, é preciso, em primeiro
lugar, ouvir os alunos, conhecer suas histórias pessoais,
seus desejos e sonhos, procurando saber o que os está
motivando intrinsecamente. O que as crianças querem
é respeito, atenção, ver sentido naquilo que estão
aprendendo. O que elas não querem é ser vigiadas e
controladas como se fossem vagabundos ou delinqüen-
tes em potencial. Afinal, educadores devem procurar
mostrar às crianças um mundo mais livre, mais atraen-
te e humano e não aliar-se à repressão doméstica de
muitos pais. Por mais absurdo que pareça, as maiores
violências contra as crianças são cometidas pelos próprios pais. Violência de toda ordem: física, moral, sexual etc. É muito ilustrativo, a esse respeito, o seguinte depoimento de uma garota adolescente que, tendo saído de casa depois do jantar, perdeu contato com

uma irmã mais nova e acabou tendo de voltar sozinha para casa:

> Numa tentativa de tudo ou nada, decidi voltar para casa, implorando aos santos de plantão que Rebeca estivesse sã e salva. Eram 22h15min. Passos . . . é mamãe! – Vocês chegaram? Luísa, você passou a chave na porta? Eis que rompe esse diálogo o ranger da porta e mamãe, tal qual uma gralha dispara ao ver Rebeca, envergonhada, entrar em casa. – Onde você estava? Por que não voltou com sua irmã? Luísa, por que não cuidou da sua irmã? Estão querendo que os outros pensem o quê de vocês? Que são desclassificadas? Não me admiraria se vocês não fossem mais moças! É o que os outros devem pensar. Seu pai vai saber disso. Vocês querem me enlouquecer, suas depravadas . . .
>
> Como não havia nenhum meio de interferir no discurso, silenciei-me, coloquei o pijama e subi no beliche. Nessa altura, a pequena Cíntia acordara e assistia a tudo com olhos arregalados, transbordando em lágrimas. Rebeca não disse nada, apenas tirou os sapatos, desapertou a saia e deitou na cama baixa do beliche. Depois que mamãe cansou dos desaforos e esgotou o repertório de desagravos, apagou a luz, dizendo; – Rezem pedindo desculpas a Deus por serem tão mundanas!

Como vemos, muitos pais deveriam também aprender a conciliar seu desejo de bem educar os filhos com os valores de suas crianças. O principal deles é receber amor.

Aprendendo a "Desenhar" e a "Pintar" com as Palavras

> *Quem o molde achará para a expressão de tudo?*
> *Ai! Quem há-de dizer as ânsias infinitas*
> *Do sonho? E o céu que foge à mão que se levanta?*
> *E a ira muda? E o asco mudo? E o desespero mudo?*
> *E as palavras de fé que nunca foram ditas?*
> *E as confissões de amor que morrem na garganta?!*
>
> OLAVO BILAC, *Inania Verba.*

As palavras são como fios, com os quais vamos tecendo nossas idéias, em forma de texto. Quando falamos ou escrevemos, vamos retirando da nossa memória as palavras que vamos utilizar. Trata-se de uma tarefa cuja velocidade pode variar bastante. Desde milésimos de segundo até minutos inteiros. Quem não ficou alguma vez parado, no meio de uma frase, à procura de uma palavra?

As palavras não são etiquetas que colocamos sobre os objetos, as pessoas, as idéias, os sentimentos, mas maneiras de representar tudo isso. As línguas humanas são sistemas de representação. Quando usamos uma palavra, estamos fazendo uma escolha de como representar alguma coisa. Podemos chamar alguém que ganhou muito dinheiro recentemente de *novo-rico,* ou de *emergente*. Podemos dizer, em vez de *países co-munistas, países de economia centralizada*. Argumentan-do desfavoravelmente a prisioneiros de uma casa de detenção que sofreram violência policial, podemos di-zer: – *São* ASSASSINOS, BANDIDOS! Argumentando favora-velmente, diríamos: – *São* SERES HUMANOS, SÃO FILHOS DE DEUS!

As palavras que escolhemos têm enorme influên-cia em nossa argumentação. Em uma história conhe-cida nos meios da propaganda, um publicitário, en-contrando um cego em uma das pontes da cidade de Londres e vendo que o pobre homem recebia muito pouco dinheiro dentro do chapéu que estendia aos pas-santes, pediu a ele autorização para virar ao contrário a tabuleta em que se lia a palavra *cego* e escrever, no verso, outra mensagem.

Algum tempo depois, passando pela mesma pon-te, o publicitário viu que o cego estava bastante feliz, porque estava recebendo muito mais dinheiro do que antes. Diante do novo encontro, perguntou ele ao pu-blicitário:

– Conte-me o que você escreveu na minha tabuleta, que fez tanta gente ser generosa comigo?
– Nada de mais, disse o publicitário. Escrevi apenas o seguinte: "É PRIMAVERA. E EU NÃO CONSIGO VÊ-LA".

O fato de que o cego não conseguia ver a prima-vera é óbvio. O que o publicitário fez foi apresentar esse fato aos transeuntes, de um outro ponto de vis-ta, por meio de outras palavras.

Jorge Amado, em seu romance *Tocaia Grande*, utilizou as possibilidades de representação das palavras para caracterizar uma personagem: o turco Fadul Abdala:

Multiplicavam-se as estrelas na lonjura do céu. Fuad Karan, que em Itabuna lia livros em árabe e em português, cidadão ilustrado, mais instruído do que meia dúzia de advogados – responsável pelo apelido de GRÃO TURCO que inventara ao ver *Fadul* rodeado de raparigas no cabaré – lhe afirmara não serem essas estrelas aqui vistas as mesmas que cintilam no céu do Oriente onde eles haviam nascido. [. . .]

Distante e esquecida a terra natal, *Fadul Abdala, o Grão-Turco das putas*, o *Turco Fadul* das casas-grandes, *seu Fadu* das míseras choupanas, sabe que veio para ficar, não trouxe passagem de volta. No lugre de imigrantes chorou todas as lágrimas, não restou nenhuma. Libanês de nascimento e sangue, chamam-no turco por ignorância; se soubesse ver e constatar, proclamaria aos quatro ventos sua fé de grapiúna (p. 40).

Cada uma das escolhas de representação corresponde a uma visão que as pessoas do local tinham do mascate libanês. As pessoas ricas das casas grandes o tratavam com desprezo por *Turco Fadul*. As pessoas pobres, com respeito: *seu Fadu*; e o amigo Fuad Karan, de maneira carinhosa e bem-humorada: *Grão-Turco das putas*.

Uma outra consideração sobre as palavras é que elas não se encontram organizadas em nossa memória, como nos dicionários, mas em relações associativas, pela forma e pelo conteúdo. Se pensamos, por exemplo, na palavra *mar*, logo nos lembramos de uma série de palavras relacionadas a ela pelo sentido, como *praia, areia, peixe, concha, sol, férias* etc., e logo nos lembramos também de uma série de palavras semelhantes a ela foneticamente, como *amar, armar*. O seguinte trecho de um poema de Carlos Drummond de Andrade é um exemplo disso:

AMAR

Que pode uma criatura senão,
entre criaturas, amar?
Amar e esquecer,
amar e malamar,
amar e desamar, amar?
Sempre, e até de olhos vidrados, amar?

Que pode, pergunto, o ser amoroso,
sozinho, em rotação universal, senão
rodar também, e amar?
Amar o que o mar traz à praia
o que ele sepulta, e o que, na brisa marinha,
é sal, ou precisão de amor, ou simples ânsia?

(*Antologia Poética*, pp. 173-174)

O texto seguinte, uma letra de Caetano Veloso, é um exemplo de escolha das palavras pela forma:

ITAPUÃ

Itapuã, tuas luas cheias
tuas casas feias viram tudo, tudo
o inteiro de nós
Itapuã, tuas *lamas, algas*
almas que *amalgamas*
guardam todo, o cheiro de nós
Abaeté, essa areia branca ninguém nos arranca

é o que em Deus nos fiz
Nada estanca Itapuã
ainda sou feliz.

Para sermos criativos na escolha das palavras-chave que pretendemos usar em nossa argumentação, precisamos silenciar, por alguns momentos, nosso pensamento lógico e divagar por entre sentidos e sons, anotando as palavras que vão surgindo por livre associação, para só então fazer escolhas.

FIGURAS RETÓRICAS

As figuras retóricas são recursos lingüísticos utilizados especialmente a serviço da persuasão. Se dissermos, por exemplo, *que uma criança precisa apenas brincar e não aprender a ler aos três anos de idade*, contrariamente a algumas teorias recentes, estaremos simplesmente enunciando uma tese, tendo por objetivo convencer alguém, falando à sua razão. Se dissermos, entretanto, que *uma criança precisa aprender a ler aos três anos, tanto quanto um peixe precisa aprender a andar de bicicleta*, isso já tem um efeito persuasivo, pois confronta a idéia absurda de um peixe andar de bicicleta, com a idéia de uma criança aprender a ler aos três anos.

As figuras retóricas possuem um poder persuasivo subliminar, ativando nosso sistema límbico, região do cérebro responsável pelas emoções. Elas funcionam como cenas de um filme, criando atmosferas de suspense, humor, encantamento, a serviço dos nossos argumentos.

É preciso distinguir as figuras retóricas, que têm um caráter funcional, das figuras estilísticas, cujo objetivo é causar a emoção estética. Quando Guimarães Rosa diz, no contexto de *Grande Sertão – Veredas*, que *"Viver é um descuido prosseguido"*, ou que *"Mocidade é tarefa para mais tarde se desmentir"*, ou ainda que *"Toda saudade é uma espécie de velhice"*, ele não está preocupado em persuadir ninguém, mas apenas dando forma à "sabedoria" da personagem Riobaldo.

Podemos dividir as figuras retóricas em quatro grupos: FIGURAS DE SOM, DE PALAVRA, DE CONSTRUÇÃO e DE PENSAMENTO.

FIGURAS DE SOM

As figuras de som estão ligadas à seleção de palavras por sua sonoridade. Na linguagem falada, fazemos isso intuitivamente, a partir de *palavras-gatilho*. Existe, nesse processo, uma função mnemônica e uma função rítmica. O texto a seguir é um exemplo desse procedimento. Trata-se de um trecho extraído de uma palestra, em que a palavra-gatilho VALORES suscita, além do substantivo VALORAÇÃO, o verbo VALORIZAR que se repete sucessivamente, facilitando ao palestrante o encadeamento das idéias e criando um certo ritmo para as frases proferidas:

> Então como é que se dá numa criança esse processo de formação de *valores*, não é? Se a gente observa uma criança recém-nascida, a gente vai constatar que ela tem um conjunto de *valores*, ela *valoriza* algumas coisas, ela *valoriza* o quê? Ela *valoriza* o repouso, ela *valoriza* a tranqüilidade, a segurança, uma certa rotina e ela não *valoriza* outras coisas, um ruído brusco. Só que existe uma questão psicológica muito séria que é a seguinte: a criança nesse momento da sua vida ela tem como *locus* como fonte de *valoração* a ela mesma, nasce dela, ela *valoriza* aquilo que atualiza o seu organismo. Nenhuma criança faz greve de fome. Ela *valoriza* coisas que pra ela são importantes[1].

1. S. Madureira, "O Sentido do Som", tese de doutorado, PUC-SP, 1992, pp. 151-152.

Dizemos que há figuras de som, quando controlamos o processo de seleção sonora, para produzir efeitos especiais de sentido, dentro de uma argumentação.

A mais conhecida figura de som é a PARONOMÁSIA (do grego *paronomasia* = formação de palavra tirada de outra com pequena modificação), que consiste em utilizar palavras de sonoridades parecidas e sentidos diferentes. Os sons parecidos estabelecem uma correlação entre essas palavras. É o que acontece quando dizemos: *Devemos fazer isso depressa, mas não às pressas.* A correlação entre *depressa* e *não às pressas* nos sugere fazer um trabalho no menor espaço de tempo possível, mantendo, contudo, sua qualidade. Quando, numa propaganda, vemos a frase: *Pense* FORTE, *pense* FORD!, somos persuadidos, subliminarmente, de que Ford é uma marca forte (que produz veículos fortes). Quando o padre Vieira se dirige a Deus, em um de seus sermões[2] e diz:

> Mas como a causa, Senhor, é mais vossa que nossa, e como venho a requerer por parte de vossa honra e glória, e pelo crédito de vosso nome, razão é que peça só razão, justo é que peça só justiça (p. 20),

a repetição de sons iguais ou parecidos (*nossa, vossa; razão, razão; justo, justiça*) ajuda a estabelecer um compromisso de razão e justiça entre Deus e os homens.

Quando a repetição de sons se dá na parte final das palavras, como em *nossa* e *vossa*, a figura de som

2. A. Vieira, "Sermão pelo Bom Sucesso das Armas de Portugal contra as da Holanda", *Sermões*, Rio de Janeiro, Agir, 1975.

recebe o nome de HOMEOTELEUTO (do grego *homoioté-leutos* = que termina da mesma maneira). Esse recurso é utilizado por Fernando Pessoa, quando diz:

> Ah, não há saudades mais dolorosas do que as das coisas que nunca foram! O que eu sinto quando penso no passado, que tive no tempo real, quando choro sobre o cadáver da *vida* da minha infância *ida* . . . (*Livro do Desassossego*, vol. 1, pp. 83-84).

Na letra da música *Samba em Prelúdio*, Vinícius de Moraes usa tanto a simples paronomásia, como o homeoteleuto (sob a forma de rima) como se pode ver na seguinte estrofe:

> Ai que saudade . . .
> Que vontade de ver renascer
> nossa vida
> Volta querido
> Os meus *braços* precisam dos *teus*
> *Teus abraços* precisam dos *meus*
> Es*tou tão* sozinha
> Tenho os olhos cansados de olhar
> Para o *além*
> *V*em *v*er a *v*ida
> Sem você, meu amor, eu não sou
> *ninguém.*

Não é difícil perceber a importância da repetição dos sons (*braços, abraços, v*em *v*er a *v*ida) como recurso subliminar da argumentação, para conseguir a volta do amado.

FIGURAS DE PALAVRA

As principais figuras de palavra são a metonímia e a metáfora.

METONÍMIA

Metonímia (do grego *metonymía* = emprego dum nome por outro) é o uso da parte pelo todo. Quando Vinícius de Moraes diz: *Os meus braços precisam dos teus / Teus abraços precisam dos meus,* é claro que ele se refere a pessoas inteiras. O uso de parte delas (braços) ou de suas ações (abraços) tem o efeito de tornar concreto o sentimento de necessidade de afeto do outro.

Na música *Eu te Amo,* no trecho a seguir, Chico Buarque utiliza também partes do corpo humano (pernas, seios, mãos, cara, olhos), como recurso metonímico para representar sensações tácteis. Utiliza também, metonimicamente, peças de vestuário (paletó, vestido, sapato), para sugerir a permanência do amor, mesmo depois da separação dos amantes.

[. . .]
Se nós, nas travessuras das noites eternas,

já confundimos todas nossas pernas,
diz com que pernas eu devo seguir.
Assim, entornaste a nossa sorte pelo chão.
Se na bagunça do teu coração,
meu sangue errou de veia e se perdeu.

Como? Se na desordem do armário embutido,
meu paletó enlaça o teu vestido
e o meu sapato ainda pisa no teu.
Se nos amamos feito dois pagãos
teus seios inda estão nas minhas mãos.
Me explica com que cara eu vou sair.
Não, acho que estás te fazendo de tonta.
Te dei meus olhos para tomares conta
Agora conta como hei de partir.

METÁFORA

A metáfora (do grego *metaphorá* = transporte) é
uma comparação abreviada. Se eu digo que *Paulo é valente como um leão*, tenho uma comparação. Se digo,
entretanto, que *Paulo é um leão*, abreviando a comparação pela eliminação de *valente como*, tenho uma metáfora. Daí a idéia de TRANSPORTE, do sentido próprio para
o sentido figurado.

J. V. Jensen, em um artigo intitulado "Metapho-
rical Constructs for the Problem-solving Process", pro-
põe uma interessante classificação das metáforas em
cinco diferentes grupos:

1. metáforas de restauração;
2. metáforas de percurso;

3. metáforas de unificação;
4. metáforas criativas;
5. metáforas naturais.

METÁFORAS DE RESTAURAÇÃO

As metáforas de restauração partem do princípio de que algo sofreu algum tipo de avaria e há necessidade de reparação. São elas: metáfora médica, de roubo, de conserto e de limpeza.

Metáfora Médica. A metáfora médica é de grande poder argumentativo, pois tem apelo universal. Ela compara a sociedade com o corpo humano e nos fala de males, remédios e curas. O desejo de manter-se saudável é sempre urgente, uma vez que da saúde dependem a vida e a morte. Dessa maneira, ganha uma importância considerável dizer que *o governo criou a* QUIMIOTERAPIA *do real para estirpar o* CÂNCER *da inflação, mas que as taxas de juro estão impedindo recuperação completa da economia.* É o que podemos ver nos exemplos a seguir:

O *remédio* de reduzir investimento público não parece *saudável* nem inteligente. As dimensões da crise fiscal de São Paulo levaram ao surgimento de uma cultura da negação nas cabeças de seus líderes. A impressão que fica é de que existe um *câncer* em São Paulo. O *câncer* é a dívida, porque seus juros não podem ser pagos e crescem exponencialmente por meio do funcionamento normal dos juros compostos[1].

1. *Folha de São Paulo*, 24.12.1995, p. 2-2.

Quanto mais clara e distinta for a notícia, tanto mais invisíveis serão o jornalista e o seu olho. Por isso, ele não fala "eu". Mas desde alguns anos fui acometido de uma *doença oftálmica* que atacou também os olhos de Jorge Luis Borges. [. . .] Essa doença se chama "poesia"[2].

Metáfora de Roubo. A metáfora de roubo sugere que algo nos foi tirado e é preciso reparação. Podemos dizer que os pais que forçam seus filhos a escolher a profissão estão roubando deles a capacidade de decisão. O seguinte poema de Eduardo Alves da Costa utiliza a metáfora do roubo, para pôr em evidência a tese de que não podemos ficar passivos diante da ação de outros que nos querem privar dos nossos valores:

NO CAMINHO, COM MAIAKOVSKI

Na primeira noite, eles se aproximam
e colhem uma flor do nosso jardim.
E não dizemos nada.

Na segunda noite, já não se escondem;
pisam as flores, matam o nosso cão.
E não dizemos nada.

Até que um dia o mais frágil deles
Entra sozinho em nossa casa,
rouba-nos a lua e, conhecendo o nosso medo,
arranca-nos a voz da garganta.
E, porque não dissemos nada,
já não podemos dizer nada.

Colher uma flor sugere tirar algo de nós, mas de pequena importância. *Pisar as flores, matar o nosso cão,*

2. Rubem Alves, "Sobre Jornal e Aleluias", *Folha de S. Paulo,* 12.11.1995, p. 1-2.

sugere tirar de nós coisas cuja perda nos faz sofrer. *Roubar-nos a lua* e *arrancar-nos a voz* sugere eliminar definitivamente nossa capacidade de oferecer resistência àquele que nos invade.

Metáfora de Conserto. A metáfora de conserto sugere que algo se estragou e precisa ser consertado. Podemos dizer, por exemplo, que *é preciso descobrir a fórmula do cimento capaz de unir as pessoas,* ou coisas como:

> Ah, sim, vivemos a morte de Ayrton Senna. Mas até essa tragédia teve um lado luminoso, pois serviu para *cimentar* um pouco nossa solidariedade, atributo essencial a um povo que busca a cidadania, sem a qual não há povo ou país[3].

> Na tentativa de *remendar* pelo menos alguns buracos na rede mundial de comunicação é que surgem esforços como o InfoDev (Information for Development Program ou Programa de Informação para o Desenvolvimento)[4].

Metáfora de Limpeza. A metáfora de limpeza é bastante didática, pois qualquer dona de casa tem consciência de que é preciso manter a casa limpa. Jânio Quadros, que foi governador de São Paulo, Presidente do Brasil e Prefeito de São Paulo, construiu sua carreira política por meio da metáfora de limpeza. Seu símbolo era uma vassoura, para varrer a "sujeira" política do país. Vejamos alguns exemplos:

---

3. *Folha de S. Paulo,* 4.1.1995, p. 4-2.
4. *Folha de S. Paulo,* 20.8.1997, p. 4-6.

A poluição afeta o organismo, principalmente no inverno. Como não há remédio para o problema – é impossível *varrer* carros e indústrias do planeta –, o melhor é aprender a conviver com o mal.

Apesar das turbulências na cúpula da Globo, uma das estrelas da casa saiu para *arejar* os neurônios.

METÁFORAS DE PERCURSO

As metáforas de percurso são as mais utilizadas. Consistem em associar a resolução de problemas a uma jornada. Einstein, quando estava construindo a teoria da relatividade, se imaginava cavalgando um raio de luz. São as seguintes as metáforas de percurso: percurso em terra, no mar e metáfora de cativeiro, segundo Jensen. Mas podemos acrescentar também o percurso no espaço aéreo ou sideral.

Metáfora de Percurso em Terra. Na metáfora de percurso em terra, costuma-se falar em estradas, encruzilhadas, caminhos tortuosos etc. Exemplos:

Apesar das vitórias, a *estrada* ainda será *longa* e *tortuosa*. Precisaremos de mais alguns ciclos eleitorais para completar a obra ciclópica de rever integralmente a Constituição.

Eu costumo dizer que o Brasil teve uma *encruzilhada*: foi no momento em que deixamos de ter o boa-noite da TV Tupi, com a canção de ninar do Caymmi, aquela do "boi da cara preta . . .", que o Chateaubriand fazia questão que entrasse, e passamos a ter o "plim-plim" da Globo, o sinal eletrônico[5].

5. *Folha de S. Paulo*, 31.1.1995, p. 5-1.

Segundo eles, durante as quedas anteriores, a Bolsa se comportou como um bêbado *descendo* a ladeira. Agora, resolveu subir a *escada* pulando degraus.

Metáfora de Percurso no Mar. A metáfora de percurso no mar é muito poderosa, porque sugere a possibilidade de um naufrágio e aí só há duas opções: salvar-se ou morrer. Exemplos:

Um ministro pode fenecer sem dar solução aos problemas. Um ex-ministro, não. É um sábio vitalício. *Navega* por velhas questões com a virgindade de um noviço (Josias de Sousa).

O Real *navega*, pois, em *águas sem tormenta*, com promissor clarão no horizonte. Em boa medida porque os comandantes da *nau* não permaneceram passivos diante das condições adversas. E isto mesmo os *bucaneiros* hão de reconhecer (Antônio Kandir).

Metáfora de Cativeiro. Utilizando a metáfora de cativeiro, podemos dizer que alguém é escravo de um vício, de algo qualquer. Exemplo:

Submetidos a uma *servidão* que se ignora a si mesma, o homem torna-se "*lacaio* do instante", "*escravo* da manchete do dia". Reduzido à condição de consumidor, aceita, sem resistência, a padronização da cultura (Olgária Matos).

Metáfora de Percurso no Ar. Metáforas de percurso no ar são mais raras, mas ocorrem também, como no exemplos a seguir:

Bastante comum nos Estados Unidos, os lançamentos virtuais de livros começam a *decolar* no Brasil.

Por décadas e mais décadas vivemos num *avião* em *turbulência*. Do suicídio de Getúlio Vargas, renúncia de Jânio Quadros e golpe militar a seqüestros, guerrilhas, morte de Tancredo Neves e *impeachment* de Collor.

METÁFORAS DE UNIFICAÇÃO

As metáforas de unificação se dividem em: metáfora de parentesco, pastoral e esportiva.

Metáfora de Parentesco. A metáfora de parentesco é facilmente entendida, uma vez que as pessoas tendem a transferi-la para suas próprias experiências familiares. Exemplos:

Apesar de um mercado em crescimento, há dificuldades para as novas montadoras, pois praticamente todas estão entrando no país com produção em pequena escala. Para ter chances de sobreviver é preciso produzir pelo menos 100 mil unidades por ano e oferecer uma "*família*" de produtos.

Que o PSDB se parece cada vez mais com o PMDB, isso nem se discute. São *irmãos siameses* nos métodos e na forma de operar a política.

Metáfora Pastoral. A metáfora pastoral está ligada ao sentido de conduzir, guiar pessoas. Exemplo:

Chegou a complicar-se inesperadamente o que parecia uma procissão tranqüila de vitória, no Congresso, com a reeleição presidencial. [. . .] O governo que ora conta o *rebanho* não reúne mais os *carneiros* da primeira hora[6].

6. *Folha de S. Paulo*, 4.2.1997, p. 1-3.

Metáfora Esportiva. No Brasil, o futebol, o mais popular dos esportes entre nós, é uma rica fonte de metáforas. Exemplos:

> Meu emprego está na *marca do pênalti.*
>
> O governo deu belos *dribles* na inflação, mas ainda não ganhou o jogo da economia estável.

Vejamos um belo exemplo desse tipo de metáfora em um texto sobre administração de empresas:

> Faça entrar seu *time* com a seguinte *escalação*: Trancamento de Cofre, Corte de Custos e Eliminação de Desperdício, *na defesa.* Treinamento, Relacionamento Interpessoal e participação nos Lucros no *meio de campo.* Para o *ataque*: Vendedor Treinado, Parceria com os Clientes, Pesquisa de Mercado, Preços Competitivos e Pós-Vendas. Um autêntico 3-3-5, com o ataque ajudando o *meio de campo*[7].

METÁFORAS CRIATIVAS

As metáforas criativas dividem-se em metáforas de construção, tecelagem, composição musical e de lavrador.

Metáfora de Construção. A metáfora de construção compara ações humanas à construção de edifícios, veículos etc. Vieira utilizou, no Sermão do Santíssimo Sacramento, a seguinte metáfora de construção:

> Toda a vida não é mais que uma união. Uma união de pedras é *edifício*; uma união de tábuas é *navio*; uma união de homens é *exército*.

---

7. L. C. Bocatto, *Correio Popular de Campinas*, 13.7.1998, p. 2.

E sem essa união tudo perde o nome e mais o ser. O edifício sem união é uma ruína; o navio sem união, é naufrágio; o exército sem união, é despojo.

Outros exemplos:

O governo Juscelino Kubitschek coincidiu com o *baby boom* brasileiro. [. . .] O período de crescimento econômico do pós-guerra somado à falta de conhecimento dos métodos contraceptivos foram os *alicerces* para uma explosão populacional que iria transformar o rosto do país nas décadas seguintes[8].

Durante anos os concursos chegaram a aceitar a inscrição de candidatas, mas acontecia que elas não eram aprovadas. Isso passou. [. . .] Nessa matéria, os advogados e a OAB, em São Paulo, não podem atirar pedra no *telhado* da magistratura, porque o deles é de vidro. No quinto constitucional, em que cabe à advocacia encaminhar uma lista sêxtupla de nomes, a mulher é mais estranha do que Pilatos no credo[9].

Metáfora de Tecelagem. A metáfora de tecelagem vê a sociedade como um tecido que pode ser construído ou rompido. Pode-se falar em fio da meada, em costurar um acordo etc. O poema abaixo, de autoria de João Cabral de Melo Neto é um magnífico exemplo do uso desse tipo de metáfora:

TECENDO A MANHÃ

Um galo sozinho não tece uma manhã:
ele precisará sempre de outros galos.

8. *Folha de S. Paulo*, 12.1.1997, p. 1-17.
9. *Folha de S. Paulo*, 5.4.1997, p. 3-2.

De um que apanhe esse grito que ele
e o lance a outro; de um outro galo
que apanhe o grito que um galo antes
e o lance a outro; e de outros galos
que com muitos outros galos se cruzem
os fios de sol de seus gritos de galo,
para que a manhã, desde uma teia tênue,
se vá tecendo, entre todos os galos.
E se encorpando em tela, entre todos,
se erguendo tenda onde entrem todos
se *entretendendo* para todos, no *toldo*
(a manhã) que plana livre de armação.
A manhã toldo de um tecido tão aéreo
Que, *tecido*, se eleve por si: luz *balão*.

Metáfora de Composição Musical. Essa metáfora pode utilizar tanto conceitos musicais, como *harmonia* ou *melodia*, como instrumentos ou orquestra. Exemplos:

Até sua morte, em 1940, Thompson manteve-se *afinado* com a física de seu tempo.

A meia hora de Tampa, de carro, em St. Petersburg, está um dos melhores museus de Salvador Dali! Indicado até pelo guia verde da Michelin! Tem que ver! Alugue um carro, atravesse a Big Bridge sobre o golfo do México. Uma *sinfonia* de azuis[10].

Metáfora de Lavrador. A metáfora de lavrador utiliza imagens ligadas ao preparo da terra, ao plantio e à colheita. Exemplo:

A *semente de mostarda* é a menor e contém o maior. [. . .] Se você dissecá-la não a compreenderá. Se dissecar a religião, não a pe-

10. *Folha de S. Paulo*, 14.7.1997, p. 7-5.

netrará: ou você a vê diretamente ou não a vê. E só existe um meio de poder vê-la: confiar! É impossível ver a árvore na semente, mas você pode semeá-la na terra – isto é o que faz um homem de fé[11].

> Eu quero uma casa no campo
> Do tamanho ideal
> Pau a pique e sapê
> Onde eu possa *plantar* meus amigos
> Meus discos meus livros
> E nada mais

METÁFORAS NATURAIS

As metáforas naturais se dividem em metáfora de claro-escuro, de fenômenos naturais e biológica.

Metáfora de Claro-escuro e de Fenômenos Naturais. Todos nós conhecemos as imagens do dia contrastando com a noite, da tempestade com a bonança etc. Vejamos alguns exemplos:

FOLHA – Você começou o projeto ao ver Helfgott em concerto?
HICKS – Sim. O que me atingiu foi encontrar alguém que passou por uma vida fragmentada e caótica e vê a *luz no fim do túnel*, recuperando sua habilidade de fazer música e ser feliz. Foi isso que me conquistou[12].

PURIFICADA

Seguindo a idéia de que depois da *tempestade* sempre vem a *calmaria*, a palavra batiza aquela que passou pelo inferno, comeu o

---

11. B. S. Rajneesh, *A Semente de Mostarda*, p. 25.
12. *Folha de S. Paulo*, 3.1.1997, p. 4-7.

pão que o diabo amassou, mas conseguiu dar a volta por cima – e chegou lá. Se alguém diz que a moça é "purificada", significa que, depois de tudo, conseguiu quitar até o credicarma[13].

Metáfora Biológica. A metáfora biológica procura representar seres humanos como animais, procurando acentuar virtudes ou defeitos. Dizer que um conhecido político é uma raposa equivale a dizer que é esperto, dizer que um outro é um rato equivale a dizer que é desprezível, ladrão. O escritor Carlos Heitor Cony utilizou uma metáfora biológica para dar visibilidade à sua tese de que o mercado globalizado tem um efeito predador nos seres humanos, produzindo uma quantidade imensa de miseráveis. Diz ele que:

"Um gato comeu o rato. Quem é o culpado?", perguntou Hitler na cervejaria Hofbauss, pouco antes de tomar o poder. Insisto em citar Hitler porque assim simplifico as coisas. Ele se achava um gato com o dever de comer os ratos que fossem surgindo em seu caminho.

O primeiro rato foi a social-democracia, o regime de Weimar. Depois, sucessivamente, a Áustria, a Tcheco-Eslováquia, a Polônia etc. etc. Eram ratos menores, pois o rato maior, e o mais apetitoso à sua gula, era a impureza racial.

Substitua-se "Hitler" por "mercado" e continuaremos a ter a luta do gato e do rato[14].

Podemos escolher a metáfora de acordo com a orientação que queremos imprimir à nossa argumentação, uma vez que o domínio de onde a tiramos compõe uma espécie de "célula cognitiva" que chamamos

13. *Folha de S. Paulo*, 8.4.1997, p. 4-2.
14. *Folha de S. Paulo*, 13.9.1998, p. 1-2.

FRAME. Quando falamos de *jogo*, por exemplo, podemos imaginar: a) regras que devem ser seguidas; b) alguém que ganha e alguém que perde; c) sorte ou azar; d) possibilidade de haver um juiz etc. Trata-se do *frame* do jogo.

Aplicando esse *frame* ao amor, podemos dizer que, *no jogo do amor, a principal regra é saber o que pode tornar o outro feliz e o único juiz é o coração.* Aplicando o *frame* da metáfora de construção, diremos que *os alicerces do amor são a lealdade e a confiança e que uma fachada bonita para os outros não será capaz de esconder as rachaduras de um projeto mal elaborado.* Aplicando o *frame* da metáfora da magia, podemos dizer que *o amor é um encantamento a dois, que hipnotiza nossas almas e faz levitar nossos corações.* Octavio Paz escreveu um belíssimo livro intitulado *A Dupla Chama*, em que usa para o amor a metáfora da chama de uma vela. Vejamos isso em suas próprias palavras:

A chama é a parte mais sutil do fogo, e se eleva em figura piramidal. O fogo original e primordial, a sexualidade, levanta a chama vermelha do erotismo e esta, por sua vez, sustenta outra chama, azul e trêmula: a do amor. Erotismo e amor: a dupla chama da vida[15].

15. Octavio Paz, *A Dupla Chama – Amor e Erotismo*, p. 7.

Figuras de Construção

As principais figuras de construção são pleonasmo, hipálage, anáfora, epístrofe e concatenação.

Pleonasmo

Pleonasmo (do grego *pleonasmós* = excesso) é a repetição daquilo que já ficou óbvio em uma primeira vez. Fazendo isso por distração, quando dizemos *subir para cima, descer para baixo*, somos acusados de ter cometido vícios de linguagem. Quando provocamos o pleonasmo, propositadamente, é porque queremos dar realce a uma idéia ou argumento. É muito comum, nos *Sermões* de Vieira, logo em seguida à exposição de um argumento, a sua repetição, com palavras bíblicas. No "Sermão pelo Bom Sucesso das Armas de Portugal contra as da Holanda", diz ele, dirigindo-se a Deus:

Sei eu, Legislador Supremo, que nos casos de ira, posto que justificada, nos manda vossa santíssima Lei que não passe de um dia, e que antes de se pôr o Sol tenhamos perdoado: "*Que o Sol não se ponha sobre a vossa ira*" (p. 44)[1].

1. No original em latim: *Sol non occidat super iracundiam vestram.*

A função da citação pleonástica desse trecho, que pertence à Epístola de São Paulo aos Efésios, IV: 26, é argumentativa. Trata-se de um fato bíblico que deve funcionar como tese de adesão inicial. A tese principal de Vieira é que Deus, caso esteja irado contra o povo da Bahia, e, por esse motivo o pretenda castigar, cesse a sua ira e o perdoe, defendendo-o do ataque holandês: *Perdoai-nos enfim, para que a vosso exemplo perdoemos; e perdoai-nos também a exemplo nosso, que todos desde esta hora perdoamos a todos por vosso amor* (p. 46).

HIPÁLAGE

Hipálage (do grego *hypallagé* = troca) é a transferência de uma qualidade humana para entidades não humanas. O jornalista Oto Lara Resende iniciou, certa vez, um artigo no jornal *Folha de S. Paulo,* usando esse recurso:

A FLOR NO ASFALTO

Conheço essa *estrada genocida,* o começo da Rio-Petrópolis. Duvido que se encontre um *trecho rodoviário ou urbano mais assassino do que esse.* São tantos os acidentes que já nem se abre inquérito. Quem atravessa a avenida Brasil fora da passarela quer morrer. Se morre, ninguém liga. Aparece aquela velinha acesa, o corpo é coberto por uma folha de jornal e pronto. Não se fala mais nisso (1992).

Os adjetivos *genocida* e *assassino,* aplicáveis a humanos, são atribuídos, nesse trecho, a uma estrada, a Rio-Petrópolis, em seu trecho urbano, onde recebe o nome de Avenida Brasil. O objetivo do autor foi o de criar, desde o início, um clima de suspense sobre o assunto que vai ser tratado: uma mulher grávida que, atropelada, dá à luz uma criança, antes de morrer.

Cecília Meireles, em seu poema "Destino", faz uso também da hipálage:

Pastora de nuvens, fui posta a serviço
Por uma *campina tão desamparada*
Que não principia nem também termina
E onde nunca é noite e nunca madrugada.

(*Obra Poética*, p. 121)

É claro que quem se encontra desamparada é a pessoa da poeta, mas o fato de o adjetivo *desamparado* estar qualificando *campina* tem o efeito de intensificar o desamparo. Afinal, uma campina é bem maior do que uma pessoa!

ANÁFORA

Anáfora (do grego *anaphorá* = ato de se elevar, de corrigir) é a repetição da mesma palavra no início de frases sucessivas, ou de membros sucessivos, em uma mesma frase. Exemplo:

Nunca pretendi ser senão um sonhador. A quem me falou de viver *nunca* prestei atenção. Pertenci sempre ao que não está onde estou e ao que *nunca* pude ser. Tudo o que não é meu, por baixo que seja, teve sempre poesia para mim. *Nunca* amei senão coisa nenhuma. *Nunca* desejei senão o que nem podia imaginar. (Fernando Pessoa, *Livro do Desassossego*, vol. I, p. 83.)

A função da anáfora é manter o fluxo de atenção do interlocutor sobre um conceito, durante a exposição. No texto acima, a idéia do sonhador, daquele que é sempre movido pelo que não existe e não experimenta, é subordinada, em termos de gerenciamento de informação, à idéia de nunca ter abandonado essa posição.

EPÍSTROFE

Epístrofe (do grego *epistrophé* = ato de fazer virar) é a repetição de palavras no final de frases sucessivas. Vieira, em seu "Sermão da Sexagésima", faz uso desse expediente, no trecho a seguir:

> Mas dir-me-eis: "Padre, os pregadores de hoje não pregam do Evangelho, não pregam das Sagradas Escrituras? Pois como não pregam *a palavra de Deus?*" – Esse é o mal. Pregam palavras de Deus, mas não pregam *a palavra de Deus*. As palavras de Deus, pregadas no sentido em que Deus a disse, são *palavras de Deus*; mas pregadas no sentido que nós queremos, não são *palavras de Deus*, antes podem ser palavras do Demônio (p. 117).

CONCATENAÇÃO

Concatenação consiste em iniciar uma frase com uma palavra do final da frase anterior. Exemplo:

> Em todos os teus atos da vida real, desde o nascer até ao de morrer, tu não ages: és agido; tu não vives: és vivido apenas. Torna-te para os outros uma esfinge absurda. Fecha-te, mas sem bater com a

porta, na tua *torre de marfim*. E a tua *torre de marfim* és tu próprio. E se alguém te disser que isto é falso e absurdo *não o acredites*. Mas *não acredites* também no que eu digo, porque não se deve acreditar em nada (Fernando Pessoa, *Livro do Desassossego*, p. 81).

Tanto a anáfora, como a epístrofe e a concatenação são recursos de gerenciamento de informação, em um processo argumentativo. Quando faz uso deles, o enunciador mantém o fluxo de atenção de seus ouvintes concentrado em conceitos que para ele são importantes na construção de um argumento. Um belíssimo exemplo do uso desses recursos acha-se no poema de Olavo Bilac, intitulado *O Caçador de Esmeraldas*, quando o poeta narra o delírio do bandeirante Fernão Dias Paes Leme, que vai morrer acreditando ter descoberto as esmeraldas:

> Como para abraçar a natureza inteira,
> Fernão Dias Paes Leme estira os braços no ar. . .
>
> *Verdes*, os astros no alto abrem-se em *verdes* chamas;
> *Verdes*, na *verde* mata, embalançam-se as ramas;
> E flores *verdes* no ar brandamente se movem;
> Chispam *verdes* fuzis riscando o céu sombrio;
> Em esmeraldas flui a água *verde* do rio,
> E do céu, todo *verde*, as esmeraldas chovem. . .[2]

O adjetivo *verde*, repetido continuamente, produz uma imagem visual fantástica, a idéia fixa do sonho do bandeirante, na emoção do instante final da vida.

---

2. Olavo Bilac, em Péricles Eugênio da Silva Ramos, *Panorama da Poesia Brasileira*, vol. III: *Parnasianismo*, p. 148.

Figuras de Pensamento

As principais figuras de pensamento são a antítese, o paradoxo e a alusão.

Antítese

A antítese (do grego *antíthesis*, anti + tese = oposição) consiste em contrapor uma palavra ou uma frase a outra, de significação oposta. É o que faz Vieira, no "Sermão da Sexagésima", quando quer comparar os pregadores de sua época aos pregadores antigos:

Antigamente convertia-se o Mundo, hoje por que não se converte ninguém? Porque hoje pregam-se palavras e pensamentos, antigamente pregavam-se palavras e obras. Palavras sem obras são tiros sem balas; atroam, mas não ferem (Vieira, "Sermão da Sexagésima", p. 100).

A antítese se constrói pela oposição entre *antigamente* e *hoje*, entre *pensamentos* e *obras*. Millor Fernandes diz, usando uma antítese entre dia e noite, que "Os uísques das nossas noites têm de ser pagos com o suor dos nossos dias".

PARADOXO

O paradoxo (do grego *parádoxos* = contrário à previsão ou à opinião comum) reúne idéias contraditórias em uma mesma frase. Exemplo:

> Olhe ao seu redor – as pessoas que você acha boas, quase sempre são fracas. A bondade delas não vem da força, vem da fraqueza. Elas são boas porque não ousam ser más. Mas que tipo de bondade é essa que vem da fraqueza? A bondade tem de surgir de uma força transbordante, só então é boa porque ela é vida, um fluxo de vida. Assim, sempre que um pecador se torna santo, sua santidade tem sua própria glória. Mas sempre que um homem comum se torna santo por causa da sua fraqueza, sua santidade é pálida e morta, não existe vida nela. Um homem que é bom porque não pode ser mau, não é realmente bom. No momento em que se tornar forte, será mau; dê-lhe o poder e imediatamente estará corrompido (B. S. Rajneesh, *A Semente de Mostarda*, pp. 125-126).

Mais à frente, um outro exemplo:

> Quando você tem alguma coisa, você gosta de dar – lembre-se desta lei: você se prende a alguma coisa só quando não a tem realmente; se você tiver poderá dar. Só quando você se sente feliz por dar alguma coisa é que você a tem (*idem, ibidem*).

ALUSÃO

Alusão (do latim *allusione* = ação de brincar com) é uma referência a um fato, a uma pessoa real ou fictícia, conhecida do interlocutor. A moderna análise do discurso chama esse fenômeno de polifonia ou intertextualidade. Eis um belo exemplo do escritor Rubem Alves:

Será isto que é a alma, a ausência que mora em mim, e faz o meu corpo tremer. Não me canso de repetir esta coisa linda que disse Valéry: "Que seria de nós sem o auxílio das coisas que não existem?"

Estranho isto, que o que não existe possa ajudar . . .

Deus nos ajuda, mesmo não existindo: este o segredo da sua onipotência.

Teologia é um encantamento poético, um esforço enorme para gerar deuses . . .

Que deuses?

Os meus, é claro.

São os únicos que me é permitido conhecer.

Lembro-me de Fuerbach. Compreendeu que estamos destinados ao nosso corpo, especialmente os olhos.

Vemos. Mas em tudo o que vemos encontramos os contornos da nossa própria nostalgia, o rosto da alma.

Como Narciso, que se enamorou de sua própria imagem refletida na superfície lisa da fonte. Também nós: o universo sobre que falamos é a imagem dos nossos cenários interiores. Com o que concorda a psicanálise, e antes dela o Evangelho: a boca fala do que está cheio o coração.

Nossos deuses são nossos desejos projetados até os confins do universo.

"Se as plantas tivessem olhos, capacidade de sentir e o poder de pensar, cada uma delas diria que a sua flor é a mais bela."

Os deuses das flores são flores. Os deuses das lagartas são lagartas. Os deuses dos cordeiros são cordeiros. E os deuses dos tigres são tigres . . .

Tudo é sonho. Ou, como diz Guimarães Rosa: "Tudo é real porque tudo é inventado" (Rubem Alves, *O Quarto do Mistério*, pp. 145-146).

Temos, nesse texto, alusões ou intertextualidades ligadas a Valéry, Fuerbach, o Evangelho, Narciso e Guimarães Rosa.

CONCLUSÃO

Você acabou de ler seis capítulos que falam da utilização de recursos de linguagem, na composição do discurso argumentativo. E, neste momento, deve estar se perguntando: "– Como terei condições, quando tiver escolhido uma tese de adesão inicial, de apresentá-la desenhada em metáfora? Como terei condições, quando for utilizar uma técnica argumentativa ou trabalhar com os valores do outro, de pintar tudo isso com palavras sonoras ou com figuras de construção?"

Antes de responder, peço-lhe que se lembre do seu primeiro dia de auto-escola. Peço-lhe que se lembre de tudo aquilo que passou pela sua cabeça, depois dessa aula. Aposto que você deve ter pensado: "– Como é possível alguém lembrar-se de tudo aquilo? Para fazer uma curva em uma esquina, tenho de pisar com o pé direito no pedal do freio, suavemente, e virar o volante na direção da curva. Logo em seguida, tenho de pisar com o pé esquerdo no pedal da embreagem e engatar a segunda marcha. Feita a curva, tenho de retornar o volante à posição original e acelerar em segunda marcha. Tudo isso junto é impossível!" Pois, hoje, você é capaz de fazer tudo isso junto, quase inconscientemente, uma vez que o hábito se encarregou de dar-lhe essa competência. A mesma coisa acontece com a maioria das nossas ações diárias, depois que as incorporamos ao nosso cotidiano.

A resposta é, pois, a seguinte: com tempo e prática, você mesmo ficará surpreendido com a facilidade com que será capaz de argumentar, "desenhando e pintando com as palavras".

PALAVRAS FINAIS

Acredito que, depois de ter lido os vários capítulos deste pequeno livro, você terá condições de colocar suas idéias em prática no seu dia a dia, nas várias situações em que tiver necessidade de motivar pessoas, vender uma idéia ou um produto, de fechar um negócio, ou simplesmente melhorar seu relacionamento pessoal. Aliás, é importante que se tenha uma visão holística dos processos de argumentação. Afinal, o que eu desejo aos meus leitores é que eles entendam esses processos, não como estratégias de varejo, mas como um programa de vida, um programa de qualidade de vida!

BIBLIOGRAFIA

AL-MUKAFA, Ibn. *Calila e Dimna.* Trad. de Mansour Challita. Rio de Janeiro, Record, s.d.

ALVES, Rubem. *O Retorno e Terno,* Campinas, Papirus, 1992.

—————— . *O Quarto do Mistério,* 2ª ed., Campinas, Papirus, 1995.

AMADO, J. *Tocaia Grande.* Rio de Janeiro, Record, 1989.

ANDRADE, C. D. de. *Antologia Poética.* 36ª ed., Rio de Janeiro, Record, 1997.

ARISTÓTELES. *Rhétorique.* Livre I. Trad. de M. Dufour. Paris, Les Belles Letres, 1967.

BETTGER, F. *Do Fracasso ao Sucesso na Arte de Vender.* 11ª ed., Trad. Anny Brunner Plane. São Paulo, IBRASA, 1978.

BRETON, P. *A Manipulação da Palavra.* São Paulo, Ed. Loyola, 1999.

BIDARRA, C. "A Construção do Amor e do Erotismo no Discurso Literário: Uma Perspectiva Histórica dentro do Pensamento Ocidental". Tese de mestrado. Universidade Mackenzie. Inédita, 1996.

CAMÕES, L. V. de. *Versos e Alguma Prosa de Luis de Camões.* Lisboa, Fundação Calouste Gulbenkian, 1977.

CHALLITA, M. *Os Mais Belos Pensamentos de Todos os Tempos.* 4ª ed., Rio de Janeiro, ACIGI, s.d.

CHAUÍ, M. *Convite à Filosofia.* São Paulo, Ática, 1995.

FOUCAULT, M. *A Arqueologia do Saber.* Rio de Janeiro, Forense Universitária, 1987.

GALBRAITH, J. K. *A Era da Incerteza.* 2ª ed. rev., São Paulo, Pioneira, 1980.

GIBBS JR., R. W. *The Poetics of Mind – Figurative Thought, Language, and Understanding,* Cambridge, Cambridge University Press, 1995.

GOETHE. *Werther.* São Paulo, Abril Cultural, 1983.

GÓRGIAS. *Fragmentos y Testimonios*. Buenos Aires, Aguilar, 1980.

JENSEN, J. V. "Methaphorical Constructs for the Problem-Solving Process". *Journal of Creative Behavior*, New York, Creative Education Foundation, 9 (2), 1975.

KITTAY. F. *Methaphor. Its Cognitive Force and Linguistic Structure*. New York, Oxford Universty Press, 1987.

KOCH, I. G. V. L. *Argumentação e Linguagem*. São Paulo, Cortez, 1987.

LAKOFF, G. & JOHNSON, M. *Metaphors We Live By*. Chicago, The University of Chicago Press, 1980.

MADUREIRA, S. "O Sentido do Som". Tese de doutorado, PUC-SP, 1992.

MEIRELES, C. *Obra Poética*. Rio de Janeiro, Nova Aguilar, 1983.

MOSCA, L. (org.). *Retóricas de Ontem e de Hoje*. São Paulo, Humanitas, 1997.

PAZ, O. *A Dupla Chama – Amor e Erotismo*, São Paulo, Siciliano, 1994.

PERELMAN, C. & OLBRECHTS-TYTECA, L. *Tratado da Argumentação. A Nova Retórica*. São Paulo, Martins Fontes, 1996.

PESSOA, F. *Livro do Desassossego*. Vol. I (Vicente Guedes, Bernardo Soares), Lisboa, Presença, 1990.

PINTO, Céli Regina. *Com a Palavra o Senhor Presidente José Sarney – O Discurso do Plano Cruzado*. São Paulo, Hucitec, 1989.

PIRES, W. *Dos Reflexos à Reflexão*. Campinas, Ed. Komedi, 1999.

PLEBE, A. & EMANUELE, P. *Manual de Retórica*. Trad. Eduardo Brandão. São Paulo, Martins Fontes, 1992.

RAJNEESH, B. S. *A Semente de Mostarda*. 4ª ed., Tao Editora, 1979.

RAMOS, P. E. S. *Panorama da Poesia Brasileira*. Vol. III, *Parnasianismo*, Rio de Janeiro, Civilização Brasileira, 1959.

REBOUL, O. *Introdução à Retórica*. São Paulo, Martins Fontes, 1998.

RICOEUR, P. *O Discurso da Ação*. Trad. Artur Mourão. Lisboa, Edições 70, 1988.

ROSA, J. G. *Grande Sertão – Veredas*. 30ª ed., Rio de Janeiro, Nova Fronteira, 1988.

SACKS, S. (org.). *Da Metáfora*. São Paulo, Pontes/Educ, 1992.

SHAKESPEARE, W. *Hamlet*. Trad. Ricardo Alberty. Lisboa, Verbo, 1972.

SPENCE, G. *How to Argue and Win Every Time*. New York, St. Martin's Griffin, 1995.

TRINGALI, D. *Introdução à Retórica (A Retórica como Crítica Literária)*. São Paulo, Duas Cidades, 1988.

VAN DIJK, T. A. *Text and Context, Explorations in the Semantics and Pragmatics of Discourse.* London, Longman, 1977.

VIEIRA, A. *Sermões.* 7ª ed., Rio de Janeiro, Agir, 1975.

Título	A Arte de Argumentar
Autor	Antônio Suárez Abreu
Capa	Ricardo Assis
Projeto Gráfico e Diagramação	Anderson Massahito Nobara
Divulgação	Paul González
Formato	13,5 x 21,0 cm
Mancha	22,5 x 37,0 paicas
Tipologia	NewBaskerville 11/15
Papel	Cartão Supremo 250 g/m² (capa)
	Pólen Soft 80 g/m² (miolo)
Número de Páginas	140
Tiragem	2000
Fotolito	Macincolor
Impressão	Lis Gráfica